Irene Johanson · Ich-Erfahrungen

Irene Johanson

ICH-ERFAHRUNGEN

Christliche Erlebnisse

und

Wandlungen

Urachhaus

ISBN 3 87838 629 X

2. Auflage 1997

Umschlaggestaltung: Hans Joachim, Stuttgart
Satz und Druck der Offizin Chr. Scheufele, Stuttgart

Inhalt

Einleitung

Jeder Mensch sagt Ich zu sich selbst und zu niemand anderem. Und indem er Ich zu sich sagt, unterscheidet er sich von den anderen. Gleichzeitig verbindet ihn das aber auch mit den anderen, denn sie sagen jeder Ich zu sich selbst. Daß der Mensch zu sich Ich sagen kann, trennt ihn und verbindet ihn zugleich mit allen, die sich als Ich erleben. Jeder meint damit sein Eigenes, Einmaliges. Daß jeder ein solches Eigenes, Einmaliges mit Ich benennen kann, ist ihm gemeinsam mit allen Menschen.

Der Maler Jawlensky hat dieses Geheimnis zu fassen versucht in seinen Bildern, die er Meditationen genannt hat. Angesichter, in denen jeder erkennt, was allen Menschen gemeinsam ist. Und doch hat Jawlensky bei jedem dieser für alle gültigen Angesichter an einen ganz bestimmten Menschen gedacht. Wer diese Bilder anschaut, sieht nicht nur den Menschen, erkennt auch nicht nur einen bestimmten Menschen, sondern er sieht, daß es wundersame Bilder des Angesichtes Christi sind. So sind seine Bilder die bestimmter Menschen, gleichzeitig aber auch Bilder des Menschen und Bilder des Christusangesichtes.

Denn das ist die dritte Beziehung, die dem ichsagenden Menschen geschenkt wurde, daß mit diesem Wort ein Gott sich selbst bezeichnet. Er tat es zum ersten Mal, als er zu Mose aus dem brennenden Dornbusch sprach: »Mein

Name ist Ich Bin. Sage deinem Volk, der Ich Bin hat dich gesandt.« Und als später dieser Gott als Mensch auf die Erde kam, nannte er sich, so erzählt es das Johannes-Evangelium, in besonderen Situationen Ich Bin. Es ist dieser Gott mit dem Namen Ich Bin durch seine Menschwerdung eine tiefe Verbindung, ja, in bestimmter Sphäre eine Identität mit dem Ichwesen des Menschen eingegangen. Obwohl das so ist, daß das Ichwesen die Mitte des Menschen ist, dasjenige was ihn zum Menschen macht, dasjenige was den Menschen mit dem Gott und den Gott mit dem Menschen verwandt macht, läßt sich nicht einfach sagen, was es denn sei, dieses menschliche oder göttliche Ich. Niemand kann sagen: Mein Ich ist so und so, oder das Ich des anderen Menschen ist so und so. Goethe hat den Rat gegeben: »*Wie kann man sich selbst kennen lernen? Durch betrachten niemals, wohl aber durch Handeln. Versuche, deine Pflicht zu tun, und du weißt gleich, was an dir ist.*« Und Steiner empfiehlt, an der Stelle, wo man sich das Ich vorstellen will, eine Leere zu lassen. Wir wollen in dieser Schrift nicht erklären, was das Ich sei, sondern wir wollen versuchen zu beschreiben, wie wir es erleben.

Wenn wir lernen, mit diesem Erleben bewußter umzugehen, tragen wir bei zur Christwerdung der Menschen. Das will mit dieser Darstellung angeregt werden. Denn es muß der Entmenschung, Entichung, Ent-Christung in unserer Welt abgerungen werden die Menschwerdung, die Ichwerdung, die Christwerdung, damit die Erde, auf der das geschehen soll, nicht zu früh und nicht einen gewaltsamen Tod sterbe.

Das Ich-Erlebnis im Leibe

Das natürliche Ichgefühl identifiziert den Menschen mit seinem Leib. Wenn jemand ich sagt, dann bezieht der andere das auf den, der leibhaftig vor ihm steht, und der ichsagende Mensch selbst meint sich als den, der sich als Leib von dem Leib des anderen, ja von seiner ganzen stofflichen Umwelt unterscheidet. Hier, wo mein Leib ist, bin ich, und da draußen ist die übrige Welt.

Bei einem Neugeborenen hat man ganz deutlich den Eindruck, daß seine Persönlichkeit, sein Ich, mit diesem kleinen, hilflosen Leib keineswegs übereinstimmt. Man ahnt, daß da etwas viel Größeres ist als sich durch diesen Leib schon ausdrücken kann. Wer sich in ein solch kleines Kind hinein versetzt, kann ein wenig nachempfinden, was es für den freien Geist eines Menschen bedeuten mag, an die Leiblichkeit eines Säuglings gebunden zu sein, die ihn in völlige Abhängigkeit und Enge versetzt. Andererseits müssen wir staunen über den Leib eines Neugeborenen. Welch ein Wunderwerk, von Weisheit gebildet und erbaut, ist der Leib eines Neugeborenen. Und er weist schon die Prägungen und Signaturen der Persönlichkeit auf. Die Handlinien des Menschen, die ganz einmalig bei jedem sind, bringt das Kind schon mit. Genauso die Linien auf den Fußsohlen, die Form der Hände und Finger, die Gestalt der Ohren und manche anderen Bildungen. Es ist von

Anfang an der Leib dieses bestimmten Menschen. Er ist Ausdruck, Bildwerk, Sprache des Ichwesens dieses Menschen. Er hat sich als Baumeister aus dem ihm zur Verfügung gestellten Erbmaterial einen Leib erbildet und ist auch noch in den ersten drei Lebensjahren weiterhin mit dieser Bildung beschäftigt, denn er muß aus dem Leib sich ein Werkzeug schaffen, mit dem er sich aufrichten, sprechen und denken kann.

Das berühmte Goethezitat »Das Auge ist am Licht für das Licht gebildet«, kann man hier abwandeln zu: Der Leib ist am Aufrichten, Sprechen und Denken für das Aufrichten, Sprechen und Denken gebildet, oder: Der Leib ist durch das Ich für das Ich gebildet.

Bis zum dritten Lebensjahr sollte man darum den Menschen möglichst wenig bei dieser Aufbauarbeit stören. Ein alter Pädagoge machte scherzhaft den Vorschlag, ein Kind bis drei Jahre müsse ein Schild umhängen haben, wie man es manchmal bei Häusern und Ladenräumen sieht, mit der etwas abgewandelten Aufschrift, nicht: »Wegen Umbau...«, sondern: »Wegen Aufbau geschlossen«. Praktisch heißt das, in dieser Zeit sollte das Kind nicht durch Verbote und Gebote, durch Mahnungen und Maßnahmen in die Erwachsenenwelt hineingezwungen werden, sondern die Erwachsenen sollten üben, sich in die Welt des Kindes zu versetzen. Ein Kind entdeckt die Gesetze der Leiblichkeit, die Gesetze des Irdischen. Hundertmal wirft es einen Gegenstand zu Boden und erlebt die Schwerkraft. Immer wieder baut es mit Klötzen etwas auf, zerstört es mit Wonne, um es neu aufzubauen. Mit allen Sinnen ergreift es die Welt. Dann wieder lebt es ganz in seiner Phantasie, die ihm realer ist als die äußere Wirklichkeit. Es versteht nicht, warum es zum Abendbrot kommen soll, wenn es doch gerade mit der Eisenbahn durch die Welt fährt. Wenn aber der Erwachsene auf die Phantasiewelt des Kindes eingeht und die Eisenbahn in den Bahnhof fahren läßt, wo alle Leute, auch der Lokführer, aussteigen, um Abendbrot zu essen, findet das Kind auf ihm gemäße Weise den Übergang in die Realität der Erwachsenen.

Drei Jahre dauert dieser Aufbau, den das Ich des Menschen am Leib vollbringt, bis dieses sich aufrichten, sprechen und denken kann durch seinen Leib. Wenn es diese Aufbauarbeit im Leib beendet hat, kann es sich ein wenig daraus lösen und spricht sich zum erstenmal selber aus. Das Kind sagt Ich zu sich selbst und nennt sich dann nicht mehr mit dem Namen, mit dem die anderen es rufen. Dieses Ichsagen ist verbunden mit einem ersten kleinen Abstoßen von der Welt, einem ersten Trennungserlebnis. Das Kind sagt nicht nur ich, es sagt auch gerne nein, es trotzt, es probiert aus, wie die Umwelt auf sein Verhalten reagiert. Es führt die allererste Trennung zwischen sich als Leibesmensch und der leiblich erlebten Umwelt herbei. Im Bereich des Lebendigen erlebt es diese Trennung noch nicht. Es hat noch kein entwickeltes Zeit- und Raumgefühl, lebt ganz im Jetzt und Hier. Ein Beispiel macht das deutlich: Eine Vierjährige saß auf der Wiese im Garten und erzählte, die Mutter sei ins Dorf zum Einkaufen gegangen, die Mutter sei nicht da. Unmittelbar danach verletzte sich das Kind ein wenig am Bein. Es schrie nach der Mutter; die Mutter hatte jetzt da zu sein, obwohl es doch gerade selber berichtet hatte, die Mutter sei nicht da. Erklärungen halfen nichts, aber es half – Ablenkung: ein neues Jetzt und Hier. Kastanien wurden entdeckt und das Kind vergaß alles, was war. Es gab sich hin an das Spiel mit den Kastanien. Es verlor sich darin. Die Grenze zwischen ihm und der Welt war aufgehoben.

Die Trennung von der Umwelt im Bereich der Lebensströme ist ein Prozeß, der bei dem einen Kind schneller, beim anderen langsamer verläuft. Im 9. Lebensjahr wird er abgeschlossen. Da erlebt das Kind, oft sogar schmerzlich: Ich bin ja anders als die anderen. Warum bin ich gerade ich und bin nicht meine Schwester? Ist der Lehrer gerecht zu mir und zu den anderen? Tut der Erwachsene selber, was er von mir verlangt? Das Kind prüft die Umwelt, und wenn es neu Vertrauen fassen kann, darf es sich, bei leiblicher und lebensmäßiger Trennung, seelisch mit seiner Umwelt noch weiterhin eins fühlen. Es darf denken, was und wie der Erwachsene denkt, darf schön und gut, häßlich und schlecht finden, wie die Menschen, die es liebt, Eltern, Lehrer oder andere. Es eint sich mit den Seelenregungen geliebter Menschen.

Auf der anderen Seite sucht es eine Gruppe, mit der es seelisch verschmelzen kann. Hans Müller-Wiedemann verdeutlicht in seinem Buch »Mitte der Kindheit« das berechtigte Bedürfnis der Kinder zwischen 9 und 12 Jahren nach Zusammenschluß mit Gleichaltrigen. Das eigene Ichwesen kann sich noch nicht halten und sucht den Geist einer Gruppe, dem es sich einordnen kann.

Das Ichwesen vollzieht um das dritte Lebensjahr die Trennung im Leiblichen und um das neunte die Trennung im Bereich der Lebens- und Bildekräfte. Mit 12 Jahren beginnt der Prozeß der Trennung im Bereich des Seelischen. Das läßt sich an der Veränderung ablesen, die das kindliche Verhältnis zum Tod erfährt. Erwachsene sind oft betroffen, wenn sie erleben, wie unbekümmert junge Kinder beim Tod eines nahen Menschen sind. Drei Kinder spielten Versteck auf dem Friedhof unmittelbar nach der Beerdigung ihres Vaters, den sie sehr liebten. Viele solcher Beispiele gibt es, denn Kinder erleben den Tod seelisch nicht als Trennung. Aber nach dem 12. Jahr wird diese Sonderung erfahren und wächst von Jahr zu Jahr. Der Mensch erlebt Einsamkeit und sucht Gemeinsamkeit. Er kann sich mit allem identifizieren und entscheidet sich oft für einen, dem er nacheifern will. Etwa mit 17 Jahren tritt ein Erlebnis ein, das manche so ausdrücken: »Wenn ich mit einem Marxisten spreche, leuchten mir seine Ansichten ein. Wenn ich mit einem Buddhisten spreche, kann ich seine Auffassung voll verstehen. Genauso geht es mir, wenn ich mit einem Christen, sei es ein Katholik, ein Protestant oder ein Anthroposoph, spreche. Aber ich weiß nicht, wie ich selber denken, wie ich meine eigene Anschauung von der Welt finden soll.« Das sind die Wehen der letzten Geburt, der Trennung des eigenen Ich aus der Einheit, der Identifikation mit anderen Ichen.

Um das 21. Jahr, nicht mit 18 Jahren, wird der Mensch mündig. Das heißt, er beginnt seine eigene Sprache zu finden. Und das bezieht sich auch auf die Sprache aller seiner leiblichen Äußerungen wie Gang, Gebärde, Geste; alle leiblichen Gewohnheiten und Lebensformen werden allmählich Ausdruck der Persönlichkeit. Das Schicksal selber gibt ihn frei. Eine 23jährige sagte: »Bis vor kurzem hatte ich das Gefühl, ich würde zu allem von irgendwoher geschoben an die Plätze, wo es mit meiner Entwicklung weiterging. Ich wurde an die Schulen und Ausbildungsstätten geschoben. Ich wurde zu den Menschen hingeschoben, die meine Freunde wurden. Ich wurde auf Reisen und in andere Länder und Völker geschoben. Erst seit kurzem bin ich es selbst, die entscheidet, wohin ich gehe und mit wem ich eine Freundschaft oder eine andere Beziehung eingehe.« Dieses Erlebnis bezeugt, daß nun der Mensch in seinem Leib ein von allen anderen Getrennter geworden ist, ein Ichwesen, das für sich und für das, was es tut, sagt und denkt, verantwortlich ist. Man bezeichnet das als eine geschlossene Persönlichkeit. Und es wird dies auch oft als das höchste Ziel der Ichentwicklung angesehen. Aber es ist nur ein Aspekt des Ichwesens. Es ist das Icherleben, das der Mensch dadurch erfährt, daß er den Leib ganz und gar zu seinem Werkzeug gemacht hat und ihn sich durch Vermittlung von Lebens- und Seelenkräften dienstbar machen kann. Denn nur im Leib sind wir getrennt, gesondert, vereinzelt und geschlossen als Persönlichkeit.

Ich-Erfahrung im Leben der Seele

Die Erziehung durch andere Menschen prägt und lenkt die Ichwerdung im Leibe über einen Zeitraum von ungefähr 21 Jahren. Der Mensch geht durch mehrere Geburten, durch mehrere Trennungen, Sonderungen, bis er ganz Erdenmensch geworden ist, der sich von anderen unterscheidet. Danach kann und darf er nicht mehr von anderen erzogen werden. Dann muß er lernen, sich selbst zu erziehen. Als Erwachsener kann er sich durch andere belehren lassen. Jeder Mensch kann solch ein anderer sein, unabhängig von Alter, Amt und Würde. Ein Kind, ein Jugendlicher kann einem Erwachsenen Erzieher sein, wenn dieser sich vom Verhalten der viel jüngeren innerlich etwas sagen läßt. Besser kann man es so ausdrücken: Ein Erwachsener kann sich selbst erziehen durch ein Kind und durch viele andere Menschen. Ein anderer darf sich nicht anmaßen, einen mündigen Menschen aus seinen Absichten heraus zu beeinflussen. Denn nur durch Selbsterziehung kommt der Mensch zur Icherfahrung.

Im Leiblichen können wir deutlich ablesen, wie die Lebens- und Bildekräfte wirken. Herzschlag und Atem sind Träger des Lebens. Herzschlag und Atem leben im Rhythmus von Hingeben und Aufnehmen. Beides wiederholt sich ununterbrochen ein Leben lang. Ein dritter Lebens-Rhythmus ist der Rhythmus von Schlafen und Wachen.

Wenn der Mensch lange Zeit nicht schläft, wird er krank, kann sogar an dieser Krankheit sterben. Auch Wachen und Schlafen ist ein Rhythmus von Hingeben und Aufnehmen, von Hinaus und Hinein. Leben wird also getragen von Rhythmus und Wiederholung.

Im anderen Bereich wirkt Leben leibschaffend. Das sind die Bereiche von Stoffwechsel und Fortpflanzung. Im Stoffwechsel wird die Nahrung aus Mineral-, Pflanzen- und Tierreich durch die Lebens- und Bildekräfte umgewandelt in menschliche Leiblichkeit, die Nahrung wird in eigenes Leben und eigene Körperlichkeit verwandelt: Durch den Stoffwechsel bildet das Leben am eigenen Leib.

Durch die Fortpflanzung bildet das Leben einen neuen Leib. Da wirken zusammen Empfangen und Zeugen. Da wird ein ungeheurer Prozeß ausgelöst dadurch, daß ein winziger Same in ein winziges Ei eindringt. Es ist der Prozeß einer neuen Leibwerdung bis in die Bildung aller einzelnen Organe und Glieder eines Menschen.

Ein dritter Prozeß der Lebenskräfte, der mit Stoffwechsel und Fortpflanzung verbunden und doch ein eigener ist, das ist der Prozeß der Gestaltwerdung. Die Idee einer Pflanze, eines Tieres, eines ganz bestimmten Menschen tritt durch das Wirken der Lebens- und Bildekräfte in Erscheinung. Es ist ja bekannt, daß Goethe die Idee der Pflanze gedacht und innerlich geschaut hat. In der Natur tritt sie tausendfältig in Erscheinung. In seinem Leib tritt der Mensch physisch in Erscheinung. Er ist ein Bild seiner selbst, wenn auch vielleicht nur ein Teilbild oder ein Zerrbild. Der Bildcharakter der lebendigen Leiber wird bewirkt durch die Lebens- und Bildekräfte. Sie bringen die

Ideen von Pflanzen, Tieren und Menschen zur Erscheinung.

Ein geistiges Wesen, das sich verleiblichen will, tut es durch diese Lebensprozesse, die wirken

in Rhythmus und Wiederholen,

in Stoffwechsel, Wachstum und Fortpflanzung,

im Gestaltwerden, im Erscheinen der Idee in der Stoffeswelt.

Wenn nun ein Mensch seine Leibesbildung, seine irdische Organisation ganz aufgebaut hat, so daß er als Ichwesen darin leben, sie als Instrument handhaben kann, dann ist er ein mündiger Mensch, dann spricht er mit eigenem Mund seine eigene Sprache. Dann ist er selbständig, steht selber für sich ein. Dann beginnt ein neues Stadium des Ich-Erlebens. Die geschlossene Pesönlichkeit, die er dadurch geworden ist, daß er sich im Leib erlebt, kann sich wieder öffnen und weit über die Leibesgrenzen hinauswachsen. Er kann lernen, nicht nur leiborientiert, sondern weltorientiert zu leben. Das führt ihn zu einem ganz anderen Ich-Erleben, als er es im Leib hat. Aber die Gesetze, Prozesse, Wirkensbereiche des Lebendigen bleiben dieselben, auch wenn sie nicht leibgebunden, sondern Seelen-bildend sind. Denn wie die Lebenskräfte in der Kindheit am Leib bilden, so bilden sie an der Seele. Und wie sie im Leib dem Menschen zu einer geschlossenen Persönlichkeit verhelfen, so verhelfen sie ihm in der Seele durch Selbsterziehung zu einer weltoffenen Persönlichkeit.

Im Leib erlebt sich das Ich gesondert, getrennt, gegenüberstehend. Hier bin ich – außer mir ist alles andere. Ich bin in meinem Leib, vielleicht sogar: Ich bin mein Leib, was nicht zu meinem Leib oder zu mir gehört, bin nicht Ich.

Im Lebendigen wird das Ich nicht dort erlebt, wo sein Leib ist. Weder der Mensch selbst, noch die anderen können den Menschen immer dort erreichen, ansprechen, vorfinden, wo er leiblich ist. Wir kennen es alle, daß wir in einer Veranstaltung sitzen, aber »ganz woanders sind«, nämlich dort, wo unsere Liebe, unsere Sorge, unsere Sehnsucht oder andere Seelenkräfte uns hintragen. Solche Art von Abwesenheit besagt, daß wir weit über die Leibesgrenzen hinausgehen können, daß wir immer dort sind, wo wir uns hingeben, wo unsere Aufmerksamkeit, unsere Liebe ist.

Die Selbsterziehung beginnt da, wo man bewußt mit dem Ich-Erleben im Leben der Seele umgeht. So wie der Mensch zum Aufbau und Erhalten seines Leibes durch die drei Regionen des Lebendigen wirkt, so erlebt er auch sein Ich durch die Prozesse des Lebendigen in der Seele. Das Leibliche, das ja unbewußt geschieht, wird zum Gleichnis für das Geistige, das durch Selbsterziehung bewußt werden kann. Wir können das Ich erleben durch Rhythmus und Wiederholung. Wie geschieht das? Am Beispiel des Gesprächs kann dies deutlich werden. Wir könnten mit einem Menschen ein Gespräch führen. Wir können aber auch mit einem Stück Natur, mit einem Kunstwerk, mit vielem anderen ein Gespräch führen, mit allem, das zu uns spricht, uns anspricht, uns etwas sagt. Wenn es zu einem Ich-Erleben kommen soll, muß sich das Erlebnis im Rhythmus von Hingabe an das andere und Zurücknahme aus dem anderen vollziehen. Wir müssen uns mit ganzer Aufmerksamkeit dem hingeben, was aus dem anderen spricht. Wir müssen zuhören, ohne selbst zu sprechen. Das geschieht selten. Wir merken meistens nicht, daß wir ununterbrochen sprechen, wenn wir wach sind. Wir führen Dialoge mit uns selbst. Wo wir gehen und stehen sprechen wir innerlich. Es gehört eine große Übung dazu, diesen inneren Dialog auch nur für wenige Minuten abzustellen, ohne einzuschlafen. Wenn man einem anderen wirklich zuhören will, darf man nicht mehr selbst sprechen, ihm nicht innerlich mit Widerspruch entgegnen, oder während seines Sprechens schon mit der eigenen Antwort beschäftigt sein. Im Zuhören geben wir uns in sein Sprechen, sind mit unserer Aufmerksamkeit in seinem Sprechen. Und, wie Georg Kühlewind es in Vorträgen und Büchern darstellt, unser Ich ist immer dort, wo unsere Aufmerksamkeit ist. Unser Ich ist also dann im Sprechen des anderen. Erst wenn der andere aufgehört hat zu sprechen, gibt sich das Ich in das eigene Sprechen. Dazwischen entsteht eine kürzere oder längere Zäsur, eine Atempause, wie sie nach jedem Ausatmen und vor jedem Einatmen auch entsteht. Diese Pause, in der wir vom Zuhören zum eigenen Sprechen übergehen, ist für uns und das Gespräch sehr entscheidend. Da zeigt sich, ob wir in der Hingabe an die Worte des anderen das Eigene gefunden oder verloren haben. Es kann so sein, daß wir in der Meinung, der Ansicht, in den Gefühlen und Absichten des anderen ganz aufgehen, das Eigene aufgeben, verlieren und nun alles genau so finden, wie er. Es kann auch sein, daß wir einfach in die vorher gehabte eigene Meinung, in alle Seelenverhältnisse unverändert zurückkehren. Es bleibt alles beim Alten, das heißt, der Mensch erstarrt, wird erlebnisunfähig, wandlungsunfähig. Auch das ist ein Ichverlust, denn das Ichwesen lebt im Sich-Wandeln und prallt ab am Starren und Unerlebten.

Man kann sich aber auch so in das Sprechen des anderen hingeben, daß man sich selbst dabei näher kommt. Dann findet man etwas zu sich Gehöriges, erlebt an dem anderen Wesenszüge, Eigenschaften, Sprech- und Verhaltensweisen, die man auch hat, die aber erst durch den anderen bewußt werden. Oder der eine spricht etwas aus, was schon lange im anderen lebt, er aber nicht in Worte fassen konnte. Dann sagt er vielleicht: Du hast mir ganz aus dem Herzen gesprochen. Oder man erlebt am anderen etwas, das man von sich gar nicht kennt, und erwacht dadurch für sein Eigenes gerade am Andersartigen. Oder das Zuhören selbst arbeitet an uns, bildet und formt uns. Das Leben in der Hingabe, in der Aufmerksamkeit macht uns uns selbst ähnlicher. Und wir erleben, was die Sprache sagt: Ich verstehe *mich* mit dir. Oder: Wir kommen als andere aus diesem Gespräch hervor, als wir hineingegangen sind. Dieses Andersgewordensein ist existentiell, bezieht sich nicht nur auf neue Ansichten oder Einsichten. Wir haben uns darin weiter entwickelt.

In der Pause zwischen Zuhören und Selber-Sprechen kann zweierlei als neues Ich-Erleben eintreten; zum einen sich selbst im anderen gefunden zu haben, und zum anderen ihn in sich hineinnehmen, ihn in sich leben lassen, ihn selber, seine Gedanken und Gefühle in sich erleben. Wer die Seelenregungen und Gedankenbewegungen des anderen in sich selbst erlebt, wird mit seinem Sprechen den anderen erreichen, berühren, und dadurch ihn zu sich selbst erwecken.

Zwischen Zuhören und Sprechen, Sprechen und Zuhören kann der Mensch für das erwachen, was er von sich selbst im anderen erlebt hat, und für das, was er vom anderen in sich selbst erlebt. Im Zuhören gibt er sich an den anderen hin und findet sich. An sein eigenes Sprechen gibt er sich hin und läßt darin den anderen leben. Es erfüllt sich das Wort: Liebe deinen Nächsten (durch Sprechen), wie du dich selber liebst und erkennst (durch Zuhören).

So erlebt sich das Ich im Lebensrhythmus von Hören und Sprechen, von Hingeben in den anderen, sich im anderen finden, und von Hineinnehmen des anderen in sich selbst und sich ihm im eigenen Inneren hingeben. Im anderen sich selbst lieben; in sich selbst den anderen lieben. Solche Gespräche sind sehr selten, aber sie können erübt werden. Für sie gilt das Wort aus Goethes Märchen: »Was ist erquicklicher als das Licht? ... Das Gespräch.«

Was hier als das rhythmische Leben des Ichwesens beschrieben wird, geschieht nicht, wenn wir das alles nur denken. Wenn wir einem Menschen zuhören, denken wir ja nicht: Jetzt höre ich ihm zu, sondern wir leben mit unserem Denken in seinem Sprechen, wir denken, was er sagt. Insofern kann das hier Dargelegte nur nach-gedacht und übend angewandt werden: der Rhythmus von Hingabe in die Gedanken des anderen, Hineinnahme des anderen in sich selbst und dazwischen die Pause, wo das Unaussprechliche, Unsagbare wirkt, das Wort, bevor es aus-gesprochen wird.

Es geht immer um Hingabe und Aufmerksamkeit. Komme ich zu mir, indem ich mich dem anderen zuhörend hingebe, komme ich auch zum anderen in mir und lasse mein Sprechen von ihm durchdringen. Dazwischen lebt meine Hingabe ins Verweilen, in die Atempause.

Dieser Rhythmus in der Hingabe und Aufmerksamkeit kann sich im Kleinen wie im Großen ereignen, im Gespräch mit Menschen und mit der Natur oder mit der Vergangenheit, der Zukunft und dem Gegenwärtigen. Es kann sich in Minuten, Stunden oder Jahren ereignen. Häufig stellen wir an das Schicksal eine Frage und vieles, was uns begegnet, trägt bei zu der Antwort, wenn wir für dieses Schicksalsgespräch diesen beschriebenen Rhythmus pflegen: Frage – Pause – Antwort, d.h. Hineingehen in das Leben mit der Frage, warten können in Hingabe und Aufmerksamkeit, das Leben mit seinen Ereignissen hineinnehmen in sich und sprechen lassen. Das Leben kann mein Gesprächspartner sein.

Wie der Rhythmus gepflegt werden muß, wollen wir im Bereich des Lebendigen das Ichwesen erfahren, so muß auch eine Art Stoffwechsel bewirkt werden durch Selbsterziehung. Wir müssen alles, was wir von außen aufnehmen, Sinneseindrücke, Seelenerlebnisse, Gedanken und Erkenntnisse, so umwandeln, daß es uns wesenhaft eignet, so wie die Nahrung von außen in den Leib kommt und unserer Organisation »einver-leibt« wird. Das Ichwesen muß verdauen, was es von außen aufnimmt. Wir sagen ja auch: dieses oder jenes Erlebnis habe ich noch nicht verdaut. Und wir kennen die unangenehme Empfindung, wenn jemand etwas »Unverdautes« von sich gibt, etwas, das er gehört oder gelesen hat und nachredet, ohne es sich wirklich zu eigen gemacht zu haben.

In der Offenbarung des Johannes wird geschildert, wie Johannes von einem Engel ein Buch gereicht bekommt mit der Aufforderung, es zu essen. Er ißt es, und es schmeckt im Mund süß wie Honig, aber im Bauch »grimmt« es. In einem Gespräch mit der Dichterin Ilse Aichinger erzählte sie, daß sie unendlich viel liest und studiert. Alles, was sie da aufnimmt, fällt wie in einen tiefen Brunnen. Wenn sie dann schreibt, kommt es ihr völlig verwandelt als ihr Eigenes aus der Sprache selbst wieder zu.

Die Sprache hat ja sehr treffende, bildhafte Ausdrücke für solche geistigen Stoffwechselvorgänge. Man sagt: Wir müssen Gedanken, Erlebnisse, Bilder, Aufgaben durchkauen, wir müssen uns durch manches durchbeißen, wir müssen vieles schlucken, verdauen, vearbeiten. Manches ist uns unverdaulich, unverträglich, vergiftend, kränkend, verletzend. Manche Wunde braucht Zeit zum Heilen, hinterläßt Narben. Manches liegt einem im Magen, ist schwer verdaulich. Mancher spuckt Gift und Galle, wenn er etwas Unverdauliches in sich aufgenommen hat.

Wenn aber etwas im geistigen Stoffwechsel verarbeitet wurde, hat sich der Mensch das Aufgenommene einverleibt und zu seiner geistigen Substanz gemacht. Ein Merkmal dafür ist, daß er es in seiner eigenen Sprache sagen kann, in seiner Wortformulierung oder in der Sprache seiner Taten, seines Verhaltens. Es gibt eine soziale Übung, die darin besteht, daß Menschen über ein verabredetes Thema ein Gespräch führen. Aber bevor einer etwas beiträgt, wiederholt er mit eigenen Worten, was der Sprecher vor ihm gesagt hat. Wer die Ereignisse des Tages verdauen will, tut gut daran, ein Tagebuch zu führen und in Worte zu bringen, was er aufgenommen hat.

Das Ringen um Worte, um Ausdruck und Formulierung für die Gedanken, Erlebnisse, für das, was man will, ist der Prozeß des Verarbeitens, des Stoffwechsels, des Einverleibens. Und das geht wieder nur, wenn ich genau in diesem Vorgang darin bin. Auch wenn ich keine Worte für das finde, was ich erlebt, erfahren habe, und schweigend ruhen lasse, was da war, bin ich doch auch in diesem wortlosen Unvermögen anwesend, lasse es zu, halte es aus, bis sich das rechte Wort einstellt, bis ich die Sprache finde, die mir gefehlt hat. Dann erst ist, was ich sage, glaubwürdig, weil es vom Ichwesen durchdrungen ist.

Eine solche, aus der Verarbeitung ins Eigene entstandene Sprache erreicht jeden anderen Menschen in seinem Eigenen, unabhängig von Stand, Partei, Religion oder sonstigen Fachgebieten, wo Fachsprachen gesprochen werden. Im Bereich des Lebendigen kann das Ichwesen geistige Nahrung verdauen, indem es sie in seine eigene Sprache bringt. Es regeneriert seinen Sprachleib, erhält ihn lebendig und beweglich.

Zur Fortpflanzung gehört das Zusammenwirken eines Zeugenden und eines Empfangenden. Jeder Künstler kennt dieses Erlebnis, daß er sich zugleich als schaffender und empfangender fühlt. Jeder Künstler erfährt so in sich sowohl die männliche als auch die weibliche Kraft. Das Ichwesen ist dem Künstler verwandt. Es läßt den Menschen Lebenskünstler werden.

Durch Selbsterziehung kann jede Handlung zu etwas Künstlerischem werden. In den zenbuddhistischen Künsten wird das besonders gepflegt. Das Zubereiten des Tees, das zum Alltag des Lebens gehört, wird dort zu einer meditativen Kunst erhoben. Ebenso das Anordnen von Blumen, das Gestalten eines Gartens, wie auch die Kampf- und Sportarten des Bogenschießens und des Schwertkampfes. Jede Tätigkeit, jede Arbeit kann vom Menschen zu einem künstlerischen Vorgang erhoben werden, wenn er die Idee zur Gestaltung empfängt und im Stoff verwirklicht. Während er arbeitet und schafft, gibt der Mensch sich ganz hinein in sein Empfangen und Tun. Dann löst er das Werk von sich. Im Ikebana, der Kunst des Blumensteckens, ist dieses Loslösen durch eine Gebärde ausgedrückt, mit der sich die Hand vom Blumengesteck befreit. Danach darf der Künstler nichts mehr daran verändern. So trägt jedes Werk, ob es vom Maler, von der Hausfrau, vom Erzieher oder vom Gärtner hervorgebracht wurde, auch nach der Loslösung noch die Prägung durch das Wesen des Gestalters.

Die bildschaffende Kraft des Lebendigen, die in ihrer Wirkung im Leib, im Stoff am Anfang dieses Kapitels beschrieben wurde, ist auch als Tätigkeit des Ichwesens im Leben der Seele zu erfahren. Jeder kennt das kindliche Spiel, daß er in Bergsilhouetten Gesichter sieht oder Gestalten, daß ihn aus Baumstämmen Gesichter anschauen, daß wir in Steinen, in Wolkengebilden Menschen, Tiere, Flügelwesen sehen. Auch in modernen, abstrakten Bildern sieht jeder das, was er selbst aus den Flächen und Strichen sich erbildet. An solchen Beispielen kann die bildnerische Tätigkeit deutlich werden, in der wir ganz darinnen sind. Denn ohne sie wäre alles, was wir sehen, nur Fläche, mit Farben und Linien bedeckt. Schon wenn wir dazu kommen, aus dem Rohmaterial der Wahrnehmungen die Begriffe Baum oder Tisch oder Berg zu bilden, haben wir es innerlich in das entsprechende Bild gebracht. Der Baum und der Tisch sind auch ohne uns da, aber nur durch den Menschen, der ihn sich »ein-bildet«, wird das Gebilde da draußen ein geschautes Bild, ein Inbild, eine Idee in der sichtbaren Welt.

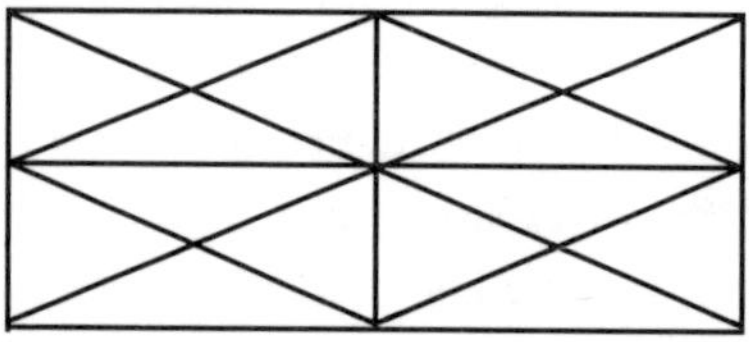

Diese bildschaffende Kraft der Seele können wir uns anhand der vorangestellten Zeichnung verdeutlichen. Kann man doch je acht spitz-, stumpf- und rechtwinklige Dreiecke sehen, oder vier Rechtecke mit ihren Diagonalen. Diese wiederum kann man auch als Abbild von Briefumschlägen bezeichnen. Ebenso kann man vier Romben von vier spitz- und vier stumpfwinkligen Dreiecken umgeben sehen, wie man auch vier Dreiecke mit je vier kleineren Dreiecken darin zu sehen vermag. Das Auge hat immer die gleiche Zeichnung vor sich, aber wir machen durch innere Tätigkeit verschiedene Bilder daraus.

Und ohne darauf zu achten, sind wir in dieser Weise ständig tätig, könnten wir doch sonst nichts verstehen, nichts erkennen, was uns draußen in der Welt begegnet.

Das Ich des Menschen lebt also weit über die Leibesgrenzen hinaus in den Kräften von Aufmerksamkeit, Hingabe, Liebe. Wir erleben es in den Prozessen des Lebendigen: Im Rhythmus von Hinaus – Hinein und dazwischen die Pause, wie wir es vom Zuhören und Sprechen im Gespräch kennen. Wir erleben es im Verwandeln des von außen aufgenommenen Stoffes in unser Eigenes mit Hilfe der Sprache, des selbständigen Formulierens. Wir erleben es in allem Tun, das wir zu einem künstlerischen Tun erheben, indem wir darin Zeugende und Empfangende sind und so Ichhaftes in unseren Werken eigenes Leben erhält, sich fortpflanzt. Und wir erleben es im bildschaffenden Denken, in der bildschaffenden Phantasie. Diese Lebensbereiche der Seele stehen aber nicht getrennt nebeneinander, sondern wirken gleichzeitig in unserer Ichtätigkeit, wie wir ja auch gleichzeitig in unserem Organismus atmen, verdauen, Bilder schaffen, gleichzeitig denken, fühlen und wollen.

Wenn man sich bewußt macht, wie sich das Ichwesen im Lebendigen der Seele zeigt, kann Selbsterziehung etwas ganz anderes werden, als wenn man meint, durch Einhalten moralischer Vorsätze eine Persönlichkeit werden zu sollen.

Die geschlossene Persönlichkeit erlebt sich identisch mit ihrem Leib. Sie ist eine Art Gerüst, eine Orientierung, ein irdischer Haltepunkt für das Ichwesen. Rudolf Steiner nennt es die Ich-Organisation, an der durch Erziehung 21 Jahre lang gearbeitet wird. Die offene Persönlichkeit geht aus sich heraus und lebt in der Aufmerksamkeit, in der Hingabe, in der Liebe. An ihr bildet der Mensch durch

Selbsterziehung, bis er einmal erleben wird, was Christian Morgenstern aussprach: »*Meine Liebe ist groß wie die weite Welt, und nichts ist außer ihr...*« Die Brücke zwischen der offenen und der geschlossenen Persönlichkeit, zwischen Ich-Organisation und Ich bildet die Kraft der Erinnerung. Durch sie bleibt das Ich mit seiner irdischen Existenz verbunden, durch sie wird es sich seiner selbst bewußt.

Ich-Ereignisse im Schicksal

Wir haben gesehen, wie das Ich durch die Lebenskräfte seinen Leib aufbaut und erhält und wie es durch die Lebenskräfte seine Seele bildet und wandelt. Im Leib bleibt die Ichtätigkeit unbewußt, in der Seele kann sie bewußt werden. Die Lebensprozesse können im Seelischen geübt, gepflegt, gesteigert werden zu starken Erlebnissen des Ichwesens, des eigenen, des anderen, des göttlichen Ichwesens.

Außer den Lebensprozessen der Seele gibt es so etwas wie das Allerheiligste der Seele, die Seele der Seele, das Unsterbliche der Seele. Alle Icherfahrungen im Lebensbereich, die wir beschrieben haben, hören auf mit dem Ende dieses Lebens, mit dem Leibestod. Der Rhythmus zwischen Zuhören und Sprechen, zwischen Hineinschlafen in den anderen und Aufwachen in sich selbst hört auf. Das Verarbeiten des Stoffes durch das eigene Formulieren hört auf. Das ins Bild bringen in der Sinnenwelt hört auf. Denn zu all dem brauchen wir den irdischen Leib, der dann gestorben ist. Aber was für die Seele nach dem Tod nicht aufhört, das ist das Schicksal. Die Menschen bleiben über den Tod hinaus verbunden, tragen über den Tod hinaus die Folgen ihrer Taten, Worte und Gedanken, schaffen im Nachtodlichen und Vorgeburtlichen mit an dem Ausgleich ihrer begonnenen Schicksale. Für die Seele sind alle

Schicksale Ich-Ereignisse, das Ich ist nicht an den sterblichen Leib gebunden. Aber es setzt eine große innere Arbeit voraus, bis der Mensch diese Tatsache erfahren und anerkennen kann, daß jedes Schicksal Wesensäußerung seines Ich ist.

Zunächst erleben wir doch alles, was uns widerfährt, wie von außen uns zustoßend, über uns verhängt oder uns geschenkt. Für viele Menschen ist es Zufall, was ihnen begegnet. Für andere ist es Gottes Wille, dem wir uns unterordnen müssen. Aber jeder Mensch kann irgendwann im Leben Erfahrungen machen, die ihm zeigen, daß es weder Zufall noch eine fremde Macht außer ihm ist, durch die er in schwere und frohe Stunden geführt wird, sondern daß das alles mit ihm ganz persönlich etwas zu tun hat.

Jeder hat schon eine große Enttäuschung durchmachen müssen. Eine Reise, eine Begegnung, auf die er sich gefreut hatte, ist nicht zustande gekommen. Eine wichtige Prüfung hat er nicht bestanden. Alles verlief anders, als er es sich erhofft, geplant hatte. Und gerade dadurch ist er zu einer bestimmten Zeit an einem bestimmten Ort gewesen, wo er etwas Entscheidendes kennengelernt hat, einen Menschen, einen Vortrag, eine Arbeit, eine Hilfe, so daß er nachträglich sagen mußte: Wie gut, daß diese Reise oder Begegnung, die ich geplant hatte, nicht zustande gekommen ist. Auch schwere Krankheiten können in eine neue Qualität des Lebens umgewandelt werden. Ein Architekt bekam mit 40 Jahren Multiple Sklerose und mußte bald seinen Beruf aufgeben. Er kam kaum mehr aus seiner kleinen Stube heraus, aber er ließ die Welt zu sich herein. Er konnte zu vertrauten Freunden sagen: »Wenn ich diese

Krankheit nicht bekommen hätte, wäre ich ein sehr oberflächlicher Mensch geblieben, hätte sogar weiterhin unredliche Dinge in meinem Beruf gemacht. Ich verdanke der Krankheit eine große Vertiefung und Verwandlung meines inneren Menschen.« Sogar wo wir Unrecht tun, wo wir schuldig werden, können wir am Ende zu einer Selbsterkenntnis gelangen, wie vorher nicht, oder wir können im Bemühen, es wieder gut zu machen, andere Menschen erst wirklich kennen, achten, lieben lernen. Bei allem, was uns schmerzlich trifft, können wir entdecken, daß es uns fördern kann, daß es uns zu Neuem führen kann.

Noch eine andere Erfahrung kennt jeder Mensch. Man will eben aus dem Haus gehen, da fällt einem etwas Belangloses ein, das noch zu tun ist, Schuhe putzen oder irgend etwas, das nur wenige Minuten in Anspruch nimmt. Aber gerade diese kurze Zeitverzögerung war nötig, um genau zu der Minute an die Stelle zu kommen, wo man einem wichtigen Menschen begegnet, vielleicht sogar einem Menschen das Leben retten kann. Wenn wir beginnen, auf solche Fügungen, Führungen, Zusammenhänge zu achten, entsteht allmählich eine Gewißheit, daß alles, was uns scheinbar wie von außen geschieht, mit uns selbst etwas zu tun hat. Je mehr wir dafür wach werden, um so mehr nähern wir uns dem, was Novalis folgendermaßen ausdrückte: *»Was mir geschieht, will ich.«* Wer diese Wahrheit nicht anerkennen will, der wird erleben, daß ihm immer wieder ähnliche Mißgeschicke zustoßen. Er glaubt sich vielleicht von Unglück verfolgt und merkt nicht, daß er daran aufwachen könnte, daß ihm etwas gesagt werden will, daß er aufgefordert ist, an seiner Lebens- und Seelenart etwas zu ändern. Sobald man das anerkennt und beginnt, daran zu arbeiten, werden die Schicksale anders verlaufen als vorher.

Wir können nämlich auf vielfache Weise erfahren, daß es in der Tiefe unserer Seele ein Wesen gibt, das weiser ist als unser Tagesbewußtsein, das unsere Schritte lenkt und uns zur rechten Zeit an den rechten Ort führt, uns den rechten Menschen schickt, das rechte Buch ergreifen läßt, in dem die Antwort auf unsere Frage zu finden ist. Je mehr man auf diese Zusammenhänge zwischen sich selbst und den uns von außen zukommenden Begebenheiten achtet, um so deutlicher zeigen sie sich uns auch. Und je mehr man anerkennt, daß alle diese Begebenheiten zu uns selbst gehören, um so besser kann man mit ihnen umgehen.

Viele Schwierigkeiten, die ein Mensch mit sich oder mit anderen hat, lassen sich aus seiner Vererbung und aus den Umwelteinflüssen in seiner Kindheit und Jugend erklären. Aber das Leben nimmt einen sehr verschiedenen Verlauf je nachdem, welche Einstellung man zu Vererbung und Milieu hat. Man kann sagen: Es ist nicht meine Schuld, daß ich so geworden bin. Vererbung und Milieu haben mich so werden lassen. Oder man kann Vererbung, Kindheitserlebnisse, auch falches Verhalten seiner Erzieher, Schicksalsbegebenheiten aller Art nehmen als Material, aus dem man sich selbst und sein Leben aufbaut. Man kann sogar dazu kommen, sich als den zu erleben, der sich all das Schicksalsmaterial selbst gesucht hat, der gerade dieses für sein Lebenskunstwerk brauchen kann. Ein älterer Mensch schrieb sein Leben auf, nicht für andere, sondern zur Klärung und Schulung seiner selbst. Er entdeckte darin als ein Hauptmotiv die Heimatlosigkeit. Von außen gesehen war es eine traurige Kindheit und Jugend. Er aber hatte sich aus diesem Material ein Schicksal geschmiedet, das ihn überall auf der Welt zuhause sein ließ und durch das er Menschen aller Völker, Stände, Berufe und Religionen das Gefühl vermitteln konnte, sich bei ihm heimatlich zu fühlen. Ein anderer erlebte in seiner Kindheit, daß er nicht verstanden wurde, daß zwischen der Welt der Kinder und der Welt der Erwachsenen ein Abgrund war, daß auch andere Kinder nicht verstanden wurden und sie sich nur darüber hinweghalfen, indem sie taten, was die Erwachsenen sagten. Aus dieser Not erwuchs diesem Menschen ein Sinn für Kinder. Seine eigene Kindheit beklagte er nicht, sondern verarbeitete sie als Material für eine pädagogische Lebensaufgabe. So kann jeder Mensch die Tatsachen des vergangenen Lebens als Material für zukünftige Aufgaben nehmen und sich darin üben, Schicksal als Ausdruck des eigenen Ichwesens zu verstehen und zu leben.

Wer täglich zurückschaut und die Figuren der äußeren und inneren Abläufe sich bewußt macht, vielleicht in ein Tagebuch schreibt, der kann nach langen oder auch kürzeren Zeitabschnitten entdecken, »wie ihm vieles ähnlich sah«, wie dies oder jenes »nur ihm passieren konnte« oder wie vieles, das ihm, als es geschah, völlig unbegreiflich war, dann als etwas Weisheitsvolles, Konsequentes, als große Chance oder Prüfung vor ihm stehen kann.

Eine Fähigkeit allerdings ist unabdingbare Voraussetzung für diese Erfahrung der Identität mit meinem Schicksal. Das ist die Fähigkeit der Bejahung. So wie ich zu einem geliebten Menschen im Grunde meines Herzens Ja sage, auch wenn er immer wieder Dinge tut, die ich nicht gutheißen kann. Ich kann ihn kritisieren, anderer Meinung sein als er, enttäuscht, verletzt sein durch ihn, aber immer wieder finde ich das einmal in Liebe gefaßte Ja zu ihm. So kann ich durch Höhen und Tiefen Ja sagen zu meinem Schicksal und somit zu mir selbst.

Diese Bejahung erfährt eine Verstärkung, zuletzt eine Unerschütterlichkeit, wenn man es zu seiner täglichen Übung macht, für alles Gewesene zu danken und auf das Kommende zu vertrauen. Das ist das Wesen des wahren Gebetes.

Für manche Ereignisse des Tages ist es leicht, am Abend zu danken. Aber es ist für die meisten Menschen keine Selbstverständlichkeit, das jeden Abend zu tun. Wieviel schwerer ist es und wieviel weniger geschieht es, für Dinge zu danken, die schmerzen, verletzen, die etwas in der Seele zerbrochen, enttäuscht haben. Wäre es nicht unehrlich, scheinheilig, für solche Ereignisse auch noch zu danken? Sicher wäre es das, wenn man nicht mit dem Danken auch das Vertrauen üben würde. Von allein, aus der Natur des Menschen, ist beides nicht da. Aber wer begonnen hat, sein Ichwesen im eigenen Schicksal zu erleben, dem erwächst daraus das Vertrauen, daß allen Schmerzen die Möglichkeit, Geburtsschmerzen, Geburtswehen zu sein, innewohnt. Im Zustand des Gebärens scheinen die Schmerzen oft unerträglich zu sein, und die Frau hält sie nur aus durch die Hoffnung auf das Kind, durch das Vertrauen, daß Schmerz und Geburt zusammengehören, daß eines ohne das andere nicht stattfinden kann. Und wenn das Kind geboren ist, will keine Frau diese Erfahrung missen. Da ergreift der Dank das ganze Wesen und leuchtet aus den Augen, aus dem Angesicht der Muttergewordenen. Wer je eine Mutter nach der Geburt ihres Kindes erleben durfte, hat diesen Dank erlebt, der in den ganzen Umkreis leuchtet und strahlt. Geburtsschmerzen sind das Urbild für alle Schmerzen. *»Aus Schmerzen wird die neue Welt geboren«*, sagt Novalis. Eine solche Geburt kann ein ganzes Menschenleben währen.

In wie vielen Biographien wird das Menschentum furchtbar verletzt, gekränkt, mißhandelt, geschändet. Wer das an sich selbst und mit all denen durchleidet, denen es geschieht, der vermag es nur auszuhalten, wenn es ihm Geburtswehen eines neuen Wesens sind. Was daraus geboren wird, ist immer etwas vom Wesen der Liebe. Wer in dieser Weise die Schmerzen des Menschen, des Menschentums in seinen eigenen Schmerzen, Verletzungen, in all dem Unrecht, das er erfährt, mitfühlt, die Leiden der Menschen in seinen Gedanken leben läßt, der kann tatsächlich ehrlich und wahrhaftig am Abend eines schweren Tages auch für das Schwere danken. Einem solchen Menschen wird auch der Dank für Freuden, Frieden, für alle Glücksgefühle um eine vollbrachte Geburt ein tiefes Bedürfnis werden. Die Geburt einer Erkenntnis, einer Entscheidung, einer Freundschaft ist von solch tiefem Dank gefolgt. Wer lernt und übt, zu danken, dem wächst zugleich auch das Vertrauen zum Leben. Nicht, daß ein solcher Mensch nie mehr Angst hätte. Die Angst ist ja ein wichtiges Gefühl. Sie zeigt uns Gefahr an; in jedem Fall aber etwas, zu dem wir herausgefordert sind. Und sie zeigt uns auch unsere natürlichen Grenzen. Wir haben Angst, wenn uns etwas bevorsteht, dem wir uns nicht gewachsen fühlen. Ohne Angst würden wir Gefahren nicht ganz bemerken und würden uns selbst überschätzen. Angst ist die Heraus-Forderung unseres Vertrauens. Die Angst geht mit dem Menschen um wie mit einem Schwamm. Man wird von ihr zusammengepreßt, damit alles, was in uns ist an Wissen, an Selbstsicherheit, an Tatkraft und anderem, heraustropft. Die Angst kann aber auch einfach lahm und untätig machen und uns in den Zustand des Austrocknens bringen. Aber gerade der ausgepreßte, ausgetrocknete Schwamm kann frisches, lebendiges Wasser aufnehmen, damit andere erfrischt und gereinigt werden. So ist die drückende, austrocknende Angst oft Voraussetzung, um eine lebendige Kraft aufnehmen zu können, die man nicht selber in sich hat, sondern in die man sich hineintauchen, hineinstellen läßt.

Es gibt auch den anderen Zustand, in den wir geraten, wenn uns etwas bevorsteht. Oft wird dieser Zustand ja Fieber genannt, Reisefieber, Lampenfieber, Prüfungsfieber, Hochzeitsfieber. Bei einer leiblichen Erkrankung ist Fieber immer Ausdruck dafür, daß das Ichwesen des Menschen aktiv wird, um die Krankheit zu überwinden. So wird das Ichwesen auch aktiv in all den Formen seelischen Fiebers. Der ganze Mensch wird aufgewühlt, aufgerissen davon. Und dann tritt die große Befreiung ein, die Gnade, die gewährt wird. Mit dem ersten Wort des Theaterspiels, des Vortrags, der Unterrichtsstunde, mit dem ersten Schritt einer Reise, mit dem Erleben der Hochzeit selber verschwindet das Fieber. Das Schicksal selbst zieht ein in das, was geschieht. Das Ichwesen zieht von außen ein und verschmilzt mit dem Menschen. Daraus wächst die Kraft des Vertrauens. Angst und Fieber weichen vor dieser Vertrauenswirklichkeit.

Gebete, die aus dem Danken und Vertrauen hervorgehen, sind nährende Substanz für die Wesen, die Schicksal in die Eigenheit des Menschen verarbeiten. Wir tun das ja nicht allein, sondern im Zusammenwirken mit den geistigen Wesen, die einzelne Menschen geleiten, die Völker lenken, die Zeitepochen der Menschheit führen und die alle im Dienste dessen stehen, der das Menschsein im kleinen und großen durchlebt, im Dienste des Christus. Gebete sind Brot der Engel, hat man früher gesagt. Wenn wir also Dank und Vertrauen im Gebet pflegen, wenn wir für andere Menschen beten, geben wir Gedanken, liebevolle Gefühle, guten Willen hin als Kraft und Substanz zum Erbilden und Umbilden der Schicksale, in denen der Mensch sich selbst finden, erkennen, bejahen kann.

Wo diese Bejahung gegenüber dem Schicksal vernachlässigt oder sogar abgelehnt wird, verwirrt auch alles, was geschieht. Der Mensch wird sich selber fremd. Statt Geburten hat er Fehlgeburten. Er sieht keine Zusammenhänge, keine Konsequenzen und Folgerichtigkeiten in seinem Schicksal und verliert die Fähigkeit des Dankens und Vertrauens. Ein solcher Mensch hat irgendwann einen Treuebruch gegenüber seinem Schicksal begangen. Vielleicht hat er eine Wahrheit erkannt, wollte sie aber nicht annehmen, weil er dann seinen Beruf, sein Leben, sich selbst hätte ändern müssen. Das schreckte ihn, und er wies die Wahrheit von sich.

Wann immer der Mensch sich selbst untreu wird, zerbricht er die Übereinstimmung zwischen sich und seinem Schicksal. Wo immer er sich selbst bejaht und seinen Nächsten wie sich selbst, entdeckt er das Schicksal als Sprache seines eigenen Ichwesens, das über die Grenzen von Geburt und Tod hinausreicht. Und auch der Treubrüchige wird eines Tages erfahren, daß die Verwirrung seiner Schicksalsfäden, die Knoten und durchhängenden Schlaufen in dem Gewebe die Ergebnisse seiner eigenen Verwirrungen, Knoten und nicht einbezogenen Lebensfäden sind. Dann hört er auf, andere für sein Schicksal verantwortlich zu machen, für vieles zu beschuldigen. Dann erkennt der Mensch, wie er mit seinem Schicksal identisch ist, wie sein Ichwesen im Schicksal spricht.

Das überirdische Ichwesen des Menschen

In jedem Menschenleben gibt es besondere Ereignisse, Erlebnisse, die uns tief erfüllen, die uns reich machen, die uns erheben oder begeistern. Wir möchten einem anderen Menschen davon mitteilen, möchten in Worte bringen, was wir erfahren haben. Doch während des Erzählens bemerken wir schmerzlich, daß das eigentliche gar nicht aussprechbar ist, daß uns die Worte dafür fehlen. Wir erleben, daß das unaussprechbare Wort viel mehr ist, viel größer, umfassender als das ausgesprochene. Und nur, wenn der Zuhörende etwas von dem durchhört, was nicht in Worte zu bringen ist, kann er ahnen, was der ihm erzählende Mensch wirklich erlebt hat. So ähnlich ist es auch mit dem Ichwesen des Menschen. Was wir im Erdenleben davon kennenlernen, was sich da durch Taten, Worte, Verhaltensweisen als Ichwesen ausspricht, ist nicht das Ganze, das Eigentliche, die volle Wahrheit. Das meiste bleibt unsagbar. Was vom Ichwesen in einem Leben in Erscheinung tritt, ist gegenüber seiner vollen geistigen Wirklichkeit so spärlich und unvollständig wie das Erzählen eines großen Erlebnisses gegenüber dem Erlebnis selbst. Und nur, wer auch da durch das Erscheinende hindurchhören, hindurchsehen kann, was dahinter bleibt, was nicht erscheint, kann manchmal etwas von dem wahren Menschen ahnen.

Eine ehemalige Schauspielerin sprach davon, sie habe gegenüber anderen und gegenüber sich selbst so ein »Zipfelgefühl«. Jeder sei doch hier auf Erden nur ein Zipfel von dem Menschen, der er in Wirklichkeit ist. Und kurz vor ihrem Tod sagte sie, daß diesmal die Menschen in ihrem Lebensumkreis nur einem kleinen Ausschnitt ihrer gesamten Ichperson begegnet seien. Das meiste von ihr sei gar nicht auf der Erde gewesen.

Es gibt besondere Augenblicke, in denen es geschehen kann, daß ein Mensch Zeuge sein darf für das ganze Ichwesen eines anderen Menschen. In der Jesus-Biographie wird dieser Augenblick beschrieben. Johannes der Täufer darf Zeuge sein für das wahre geistige Wesen des Jesus Christus. Er sieht über ihm den Himmel offen und den Geist Gottes in der Gestalt einer Taube sich auf Jesus herniedersenken und hört eine Stimme, die spricht: »Dies ist mein geliebter Sohn. In ihm will ich mich offenbaren.« In einem kurzen Augenblick hat Johannes das geistige Wesen des anderen erleben dürfen und konnte von da an für ihn zeugen und an ihn glauben. Später, als er im Gefängnis saß, schickte er Boten zu Jesus und ließ ihn fragen, ob er der sei, der da kommen soll, von dem die Propheten gesprochen haben. Die Antwortet lautet nicht: Ja, ich bin derjenige, sondern: Saget dem Johannes, was ihr seht und hört. Beschreibt ihm, was ich tue und was die Folgen meines Tuns sind, die Blinden werden sehend, die Tauben hören, die Lahmen gehen und denen, die geistig arm geworden sind, wird die frohe Botschaft von den Engelreichen verkündet. Auch der, der einmal über dem anderen Menschen den Himmel offen sah und das Ganze seines Ichwesens erleben durfte, braucht eine irdische Bestätigung, braucht eine Erneuerung des einmal Erlebten. Im Erdenleben kann jeder Mensch das nur an dem Tun des anderen und an den Folgen dieses Tuns erneuern. Das ist nie das Ganze, wie unter dem offenen Himmel, aber es ist doch so viel, daß er dadurch zum Ganzen wieder durchdringen kann.

In einer wirklichen Freundschaft oder menschlichen Schicksalsbeziehung, in der einer dem anderen in seiner Biographie einen Liebesdienst erweist, wie es Johannes für Jesus am Jordan getan hat, da geschieht es, daß Ewiges in den Augenblick hereinblitzt und einer über dem anderen den Himmel offen sieht und erfährt, wer er ist. Manchmal erleben es Eltern bei der Taufe ihres Kindes oder nach überstandener Lebensgefahr. Oder Menschen erfahren es einfach in einem tiefen Gespräch, im Schweigen der liebenden Übereinstimmung oder auch völlig überraschend in einer alltäglichen Situation. Wer einmal Zeuge sein durfte für das überirdische Wesen des anderen, der wird auch in Zeiten der Verdüsterung, der Verwirrung und Entstellung immer wieder an das einmal Erlebte anknüpfen können, wird an den anderen Menschen glauben, ihm die Treue halten können, so, wie es von Rudolf Steiner einmal als Wahrspruchwort über die Treue ausgesprochen wurde:

»Schaffen Sie sich eine neue starkmütige Anschauung von Treue. Was die Menschen sonst Treue nennen, vergeht so schnell. Das aber machen Sie zu Ihrer Treue: an dem anderen Menschen werden Sie Augenblicke erleben, schnell dahingehende, da wird er Ihnen erscheinen, wie

erfüllt, wie durchleuchtet vom Urbild des Geistes. Und dann können – ja werden – Augenblicke, lange andere Zeiten kommen, da verdüstern sich die Menschen. Sie aber sollen lernen, in solchen Zeiten zu sagen: Der Geist macht mich stark. Ich denke an das Urbild. Ich sah es doch einmal. Kein Trug, kein Schein raubt es mir. Ringen Sie immer um das Urbild. Das Ringen ist Treue. Und so nach Treue strebend wird der Mensch dem Menschen wie mit Engelhütekräften nahe sein.«

Wer mit geistig Behinderten arbeitet, kennt das Erlebnis, daß der Gehirnschaden oder ein anderer Schaden im Körper des Menschen verhindert, daß sich seine Geistigkeit voll darleben kann. Er ist wie ein Musiker, der nur ein verstimmtes Instrument zur Verfügung hat. Er kann die schönsten Kompositionen darauf spielen, sie tönen alle falsch. Oder er komponiert eine große Orchestermusik, hat aber nur eine Geige zur Verfügung. Seine Komposition kann nur in Andeutung von einer Geige wiedergegeben werden. Vielleicht komponiert er dann ein Stück für eine Geige. Das wird gespielt und stimmt auch ganz und gar, aber es zeigt nicht die Fülle der musikalischen Möglichkeiten, die der Komponist zur Verfügung hat. Ein solcher Musiker ist jeder Mensch. Entweder sein Instrument ist verstimmt – sein Leib ist kein Instrument, das sein Geist stimmig spielen kann, – oder er hat nicht die Fülle der Möglichkeiten in seinem Schicksal zur Verfügung, die eigentlich in ihm lebt – er spielt nur auf einer Geige, aber darauf spielt er so schön, daß man ahnen kann, welche Musik er bringen könnte, wenn er mehr Instrumente hätte.

Im Märchen wird dieses Geheimnis noch anders dargestellt. Da wird von zwei goldenen Brüdern erzählt, die mit goldenen Pferden in die Welt ritten. Im Garten des Vaterhauses stehen zwei goldene Lilien. Sie alle stammen von dem goldenen Fisch, den der Fischer gefangen hatte, seiner Frau, seinem Pferd zu essen gegeben hatte und zwei Stücke im Garten eingegraben hatte. Als die Goldkinder in ein Wirtshaus kommen, kehrt der eine wieder um. Der andere bindet sich und seinem Pferd Bärenfelle um, so daß von dem Gold nichts mehr zu sehen ist. Im dunklen Wald wird er von den Räubern verschont, weil sie ihn für einen armen Bärenhäuter halten. Er begegnet einem Mädchen, das ihn liebt. Sie heiraten und in der Nacht sieht sie, daß er ein Goldkind ist, denn da legt er das Bärenfell ab. Als der Vater nach Hause kommt, ist er voller Zorn, daß ein Bärenhäuter seine Tochter geheiratet hat. Er will ihn erschlagen, aber die Tochter verhindert es. »Er ist nun mal mein Mann, und ich liebe ihn«, sagt sie. Als der Vater am nächsten Morgen früh in die Kammer schaut, sieht er, daß ein Goldkind bei seiner Tochter liegt und ist froh, daß er ihn nicht erschlagen hat. Aber das Goldkind jagt einem Traum nach, einem Hirschen, den er im Traum gesehen hat. Das führt ihn zum Haus einer Hexe mit einem kläffenden Hündchen. Er beschimpft das Hündchen, und die Hexe läßt ihn zu Stein werden. Da fällt im Garten des Vaters die goldene Lilie um. Der goldene Bruder sieht es, geht zum Haus der Hexe und erlöst seinen Bruder.

Dieses Märchen der Brüder Grimm kann zeigen, daß der Mensch unter dem Bärenfell, in dem er uns erscheint, unter dem Leiblichen, Tierverwandten, ein Goldkind ist, ein Wesen, das seine Herkunft vom goldenen Fisch hat. Das urchristliche Symbol, das sich in den Katakomben und anderen alten Bildern für Christus findet, ist der Fisch. Von ihm stammt das Ichwesen des Menschen, das nur manchmal durchs Bärenfell blitzt und nur von der Seele gesehen wird, die den Bärenhäuter liebt, das nur nachts gesehen wird, wenn der Mensch die Bärenhaut abstreift. Hüten wir uns, den Bärenhäuter totzuschlagen, denn in jedem lebt das Goldkind, auch wenn wir es nicht sehen. Das Märchen spricht von zwei Goldkindern, die zusammengehören. Eine kurze Strecke Wegs gehen sie zusammen, dann kehrt der eine zurück ins Vaterhaus und verfolgt von dort die Wege des anderen. Der geht in die Todeswelt, bis er selber zu Stein wird. Er denkt nicht an seinen goldenen Bruder, ist von ihm getrennt. Wenn ein Mensch auf Erden Ich zu sich sagt, ist sein goldener Bruder umgekehrt, ist für ihn gestorben. Das hat Novalis erlebt, wenn er sagte: *»Wird ein Mensch geboren, stirbt ein Geist. Stirbt ein Mensch, wird ein Geist geboren.«* Der Geist, das Ichwesen des Menschen, stirbt in diese Welt hinein. Der himmlische Teil seines Wesens verläßt den Menschen in seiner Kindheit. In der Jugend jagt der Mensch dann dem Hirsch nach, den er im Traum geschaut, jagt seinen Träumen nach und gerät in den Bann der knochigen, dürren, krummen Hexe, der Materie, die ihn so berührt, daß er zu Stein wird. Erst in dieser tiefsten Zone des Lebens, in der größten Entfernung zu seinem himmlischen Bruderwesen, kommt dieses zu ihm. Indem der goldene Bruder erscheint, wird der versteinerte, gestorbene zu neuem Leben erweckt, erscheint durch den

Himmlischen selber wieder in seiner Bruderschaft zum Himmlischen. Als Erlöster lebt er auf Erden. Was zu ihm gehört, zieht sich wieder ins Geistige zurück.

So beschreibt das Märchen das Geheimnis des überirdischen Ichwesens, das im Leibe verborgen ist, das von seinem himmlischen getrennt und in die Welt des Todes eingegangen ist und das gerade im Tode dem himmlischen Bruder begegnet und ganz kurz mit ihm zusammen auf Erden erscheint. Das sind die Augenblicke des Erkennens und die Augenblicke des Liebens, wo Ewigkeit im Augenblick erlebt wird. Wenn der Mensch sich wie einem Du begegnet, wenn er sich so sieht, wie sonst nur einen anderen, wenn er sich wie von jenseits der Schwelle sieht und unverschleiert, ohne Illusion erlebt, erstarrt er vor Entsetzen und Schrecken. Er kann es nur bestehen, weil er den goldenen Bruder neben sich fühlt, der ihn aus dem Bann befreit, dadurch, daß er alles mit ihm erlebt. Er sah die goldene Lilie umknicken. Und wenn der Mensch den anderen so liebt, wie er ist und wie er sonst nur sich selber liebt, wenn das Du ihm in Liebe zum Ich wird, wenn du und ich verschmelzen, dann ist der eine Goldene der Bruder aller Goldkinder. Erkenne dich selbst, wie du einen anderen erkennst; liebe den anderen, wie du dich selbst liebst, dann wirst du vom goldenen Bruder aus Hirschtraum und Versteinerung erlöst.

In der Sprache des Apostels Paulus klingt das so: »*Ihr seid gestorben und euer höheres Leben (euer Ich) ist mit Christus vereinigt und verborgen in der Gotteswelt. Wenn aber Christus, der euer höheres Leben (euer Ich) ist, erscheinen wird, dann wird auch euer höheres Leben (euer*

Ich) erscheinen in seiner Offenbarung.« (Kolosser 3,2–4) Wir dürfen in besonderen Zuständen der Seele und des Lebens das überirdische Ichwesen erleben, aber beschreiben können wir dieses Erlebnis nicht mit Begriffen, die dem Irdischen entsprechen. Darum wurde versucht, es in Bildern, Gleichnissen und Märchen zu sagen. Wer etwas davon erlebt hat, wird es in diesen Bildern wiederfinden, das Geheimnis des goldenen Fisches, wie es in den goldenen Brüdern, den goldenen Pferden, den goldenen Lilien, in allem zusammen lebt und wirkt.

Das göttliche »Ich bin«

Es wurde geschildert, wie das menschliche Ichwesen in verschiedenen Regionen erlebt werden kann. In all diesen Erlebnissen rühren wir zugleich auch schon an das göttliche Ich bin, oder besser gesagt, das göttliche Ichwesen rührt uns darin an. »Es schaffet in uns.«

Können wir schon vom menschlichen Ich nicht sagen, es sei so oder so, es sei dies oder das, so erst recht nicht vom göttlichen Ichwesen. Aber wir dürfen es manchmal erleben und dann versuchen zu schildern, wie das war, wie das Geschehnis war, in dem es uns nahe gekommen ist. Von Ihm selbst haben wir Hinweise bekommen, woran wir ihn erkennen können, Merkmale, daß er es ist, den wir erfahren. Solche Merkmale sind in den sieben Ich-bin-Worten im Johannes-Evangelium zu sehen.

Seitdem Friedrich Rittelmeyer über diese Ich-bin-Worte gesprochen und geschrieben hat, haben viele Menschen damit gelebt und Erfahrungen gemacht, haben auch darüber geschrieben. In sehr verschiedenen Situationen macht Christus diese Aussagen über sich selbst. Man kann das im Evangelium nachlesen. Solange er als Mensch auf der Erde lebte, konnten die Menschen jeweils eine solche Seite seines Wesens erleben. In den irdischen Zusammenhängen ist das immer so. Wir können eine Pflanze entweder im keimenden oder im grünenden, blühenden, fruchtenden Zustand erleben. Wir können einen Menschen entweder als Kind, als Jugendlichen, als Erwachsenen oder als Greis erleben. Aber im Geiste können wir eine Pflanze in ihrer Ganzheit, in ihrer Idee, ihrem wirksamen Wesen vor uns haben, können all ihre Zustände in einem schauen. Und auch den Menschen können wir als ein Wesen erleben, das durch alle Alter als derselbe erscheint. So können wir die sieben Ich-bin-Worte des Christus als seine Wesenskundgabe in bestimmten irdischen Situationen im Johannes-Evangelium nachlesen. Wir können auch üben, sie im Geiste zusammenzuschauen. Wenn wir heute in unserer Biographie seine Gegenwart erleben dürfen, zeigt er sich uns in einer bestimmten Situation in einer der sieben Weisen. Aber geistig ist er in der umfassenden Siebenheit gegenwärtig, die er in folgende Worte brachte:

»Ich bin das Brot des Lebens« (Joh. 6)
»Ich bin das Licht der Welt« (Joh. 8)
»Ich bin die Tür der Schafe« (Joh. 10)
»Ich bin der gute Hirte« (Joh. 10)
»Ich bin die Auferstehung und das Leben« (Joh. 11)
»Ich bin der Weg, die Wahrheit und das Leben« (Joh. 14)
»Ich bin der wahre Weinstock« (Joh. 15)

Von Brot und Wein ist dieser Organismus des göttlichen Ich bin umfaßt. Das erste Wort spricht vom Brot, das siebte vom Wein. Das Geheimnis der Kommunion leuchtet durch diese Siebenheit seines Wesens.

Wie erleben wir ihn als Brot? *»Was uns im Brote speist, ist Gottes ewiges Wort«*, sagt Angelus Silesius. *»Der Mensch lebt nicht vom Brot allein, sondern vom Wort Got-*

tes«, erwidert Jesus dem Versucher. Vor dem Empfang des Brotes im Altarsakrament sagt der Mensch: Krank ist die Behausung, in die du eintrittst, aber durch dein Wort, das im Brote lebt, wird die Seele gesund. Wer das Wort als nährendes Brot erlebt, war vorher »Bettler im Geiste«. Er hat schmerzlich erlebt, wie leer die menschlichen Worte sind, wie hülsenhaft, wie hohl. Er hat erlebt, wie sie nur noch Träger von Informationen sind, wie sie darum auch vom Sprechenden gelöst und technischen Apparaten übergeben werden können. Der Bettler um Geist trauert um das verlorene Leben im Wort, bittet um die Seele, den Geist des Wortes. Wenn er das nährende Wort empfangen will, muß er es ergreifen, muß er es zu sich nehmen, muß er es schmecken, schlucken, wirken lassen, bis es zuletzt sein eigen wird, ihm Kraft gibt, selber Brot zu werden, selber Wort zu werden, andere zu speisen, zu erkraften mit seinem gotterfüllten, icherfüllten, hingebenden Wort. Wer bemerkt, daß das Wort geistlos geworden ist, der bemerkt auch, daß es ihm nichts mehr sagt, daß auch sonst nur noch wenig ihm etwas sagt. Es bleibt ihm alles dunkel, nebulos, unklar, ohne Licht. Wenn ihn nichts mehr anspricht, ist er selbst auch nicht mehr ansprechend. Er fühlt sich ausgeschlossen aus der menschlichen Gemeinschaft, eingeschlossen in seine eigene Enge. Er hat den Zugang, die Tür zu anderen verloren. Das Leben verliert seinen Sinn. Er sieht keine Führung, keine Zuverlässigkeit darin, weiß nicht, woran er sich orientieren, wonach er seine Entscheidungen richten soll. Er hat den Hirten verloren. Alles, was ihn einmal bewegt, motiviert hat, ist gestorben. »Das war einmal, aber das ist für mich längst gestorben.« Er sehnt sich nach Auferstehung. Der Mensch weiß nicht mehr aus noch ein, irrt umher, wird irre an sich und anderen, hat seinen Weg verloren, ist zuletzt wie eine Rebe, die abgeschnitten wurde und verdorrt.

Bevor wir das göttliche Ichwesen erleben, bevor wir es in siebenfacher Fülle empfangen dürfen, durchleiden wir den siebenfachen Verlust, wie er eben beschrieben wurde. Er kann uns in die tiefste Depression führen, er kann mit dem Tod enden, wenn wir nicht lernen, »Bettler um Geist« zu werden. Licht in der Finsternis, Geburt im Tod, Leben im Sterben, Aufgang im Untergang ist das Wirken des göttlichen Ich, oder, wie Paulus es sagen konnte: *»Gott ist in dem Schwachen stark«*.

Wenn aber der Mensch in einer dieser sieben Verlustsituationen weder fortläuft, noch sich dagegen wehrt, sondern sich ihr aufmerksam und empfangsbereit stellt, in ihr ganz anwesend ist, anwesend in der eigenen Ohnmacht, der Sprachlosigkeit, der Sinnlosigkeit, der Leblosigkeit und Weglosigkeit, der Verlassenheit, dann kann etwas Unerwartetes geschehen. Vielleicht geht es über ein Wort. Das Wort einsam lebt in ihm. »Einsam«, er lauscht auf das Wort, er hört dem Wort zu, einsam. Er hört »ein Same«. Ist in einsam ein Same? Will aus einsam etwas hervorwachsen? Ein Same braucht Licht, Luft, Wasser und vom Menschen Geduld, Wartenkönnen, bis er aufgeht. Was für ein Wort ist das, einsam! Daß ich das entdeckt habe! Vielleicht sagen andere Worte auch mehr als nur die äußere, gewohnte Bedeutung. Vielleicht, viel-leicht, vieles wird leicht, weil es viele Möglichkeiten hat. Viel-leicht, welche Hoffnung schwingt darin, welcher Ausblick, Überraschung, Über-rasch-ung. Und schon geht der eine Same des Wortes auf, es wird Licht, ich finde Zugang zum Wesen des Wortes, finde eine Tür. Das Wort selber wird mir Führer, wird mir guter Hirte, zeigt mir neuen Sinn, und Sinn ist Führung. Das tote Wort aufersteht. Es spricht zu mir aus der Sprache, aber auch aus allem, was zum Leben gehört. Die Natur, die Kunst, das Schicksal, alles wird sprechend. Der eine Same ist vielfältig aufgegangen. Das Wort ernährt mich. Das Wort strömt durch alles Sprechende. Es ist der Wein im wahren Weinstock. Ich darf Rebe sein. Das Verdorrte wurde abgeschnitten. Das schmerzte. Aber es war nötig zur Reinigung, damit reichere Frucht erbracht werde.

Zwischen ein-sam und gemein-sam lebt das göttliche Ichwesen in Brot – Licht – Tür – Hirte – Auferstehung – Weg und Weinstock. In welcher seiner Weisen es den Menschen erreicht, es ist dann in seiner Ganzheit da und der Mensch erkennt es daran, daß er mit sich selbst in Übereinstimmung ist, daß er das Gefühl hat: jetzt stimmt es.

So wie es dem Einsamen über das Wort geschah, so kann es einer Gemeinschaft über die Wortlosigkeit geschehen. Eine Lebensgemeinschaft droht auseinander zu brechen. Jeder meint, er habe Recht und der andere Unrecht. Jeder will nach seinem Gewissen entscheiden und handeln. Jeder will sich nicht seine Freiheit nehmen lassen. Jeder redet an dem anderen vorbei. Die Worte verletzen, kränken, stechen. Dann findet man keine Worte mehr für die entstandene Situation. Jeder ist sprachlos über den anderen, vielleicht auch über sich selbst. Eine Zeitlang wird dic tiefe Sprachlosigkeit noch mit Gerede übertönt und nicht zugelassen. Jeder will noch das letzte Wort haben. Bis einer auf das letzte Wort verzichtet und sich ganz an das Schweigen hingibt, nicht in Groll und Ärger, sondern in bewußt erlebter und zugelassener Sprachlosigkeit gegenüber der Situation. Der andere bemerkt die Veränderung. Beide ergeben sich ins Schweigen, ins Wortlose so, daß sie auch innerlich nicht mehr reden, sondern lauschen, oder wenigstens wie in einer inneren Frage verharren. Das kann kurz oder lang dauern, bis etwas eintritt, das selber unsagbar ist. Aber in dem Moment weiß jeder, was der andere eigentlich sagen wollte, in dem Moment werden die aufgewühlten Emotionen ruhig, in dem Moment sieht man, wie es weitergehen kann, stimmt man überein und ist bereit, es miteinander zu versuchen. Jeder versteht *sich mit* dem anderen. Die Gemeinsamkeit ist durch den Tod gegangen und auferstanden. Das Ich aller Menscheniche ist in der Mitte. Das göttliche Wort ist in die menschliche Wortlosigkeit eingezogen.

Und wieder lassen sich in diesem Ereignis alle sieben göttlichen Ich-bin-Qualitäten zugleich erkennen. Das göttliche Ichwesen lebt nicht entweder hier oder da, es lebt nie in einem Entweder-Oder, es lebt immer im Zugleich, im Sowohl-Als-auch, es lebt in der Mitte von allem. Die Tätigkeit, durch die wir es wahrnehmen, ist unsere Selbsthingabe, ist unsere Liebe. Das Erlebnis dieser Wahrnehmung ist Friede.

Der Wandel des Ich durch Gottesdienst

Gott zu dienen ist die eigentliche Aufgabe des Ichwesens. Das Wort Aufgabe hat einen doppelten Sinn. Es bedeutet, daß jemandem aufgegeben ist, etwas Bestimmtes zu tun, zu meistern, die Aufgabe zu lösen. Eine Aufgabe fordert Aktivität, wenn sie geschafft, erfüllt werden soll. Aufgabe heißt aber auch, daß etwas, das uns lieb ist, aufgegeben werden soll, oder daß wir unsere Eigenheiten, Eigenwünsche, Eigensinn aufgeben. Das ist Aufgabe unserer selbst. Gottesdienst ist eine Aufgabe im doppelten Sinn des Wortes. Das Eigene geben wir auf, geben wir hinauf, hinein, hinüber. Das Eigene wird eine Auf-Gabe, eine Gabe, die aufmacht. Das Eigene gibt sich für das Wirken Gottes auf. Das ist seine Aufgabe, seine Aktivität. Die vier Bereiche des Ichwesens werden im Gottesdienst durchwandelt, und indem sie durchwandelt werden, verwandelt sich das Menschen-Ich zu dem, was Paulus nannte: *»Nicht ich, sondern der Christus in mir.«* Die vier Bereiche des Ich-Erlebens haben wir uns deutlich gemacht. Da ist das Ich-Erleben, wie wir es als Leibesmenschen haben, das Sich-getrennt-erleben von allem, was außerhalb unseres Leibes ist. Im Leben der Seele erfahren wir unser Ichwesen immer dort, wo unsere Aufmerksamkeit ist, wo wir uns in Liebe an etwas hingeben. Der dritte Bereich für das Erfahren des Ichwesens ist das Schicksal mit all seinen karmischen Folgen und Konsequenzen. Und der vierte Bereich ist das überirdische Ich, das nur in besonderen Augenblikken ins irdische Leben eintaucht und uns die Gegenwart Christi anzeigt.

Jeder vollständige Gottesdienst zu allen Zeiten der Menschheit führt die versammelte Gemeinde durch vier Bereiche. Es sind dies: Das Verkünden und Hören des Evangeliums, das heißt des Engelwortes, das Opfern der Seele durch äußere Gaben oder innere Hingabe, das Wandeln, verwandeln von Mensch und Erdenwelt und die Kommunion, das heißt die Vereinigung von Mensch und Gott.

Wir wollen uns diese vier Bereiche in der Gestalt anschauen, wie sie im 20. Jahrhundert neu gestiftet wurde als »Die Menschenweihehandlung«. Menschen werden zu ihrer Aufgabe geweiht, Gott zu dienen.

Im ersten Teil betet der Priester in Ichform, daß er ein reines Gefäß, ein würdiger Mittler für das göttliche Wort sein möge, durch den es der Gemeinde verkündet wird. Und wenn er es verkündet, steht er der Gemeinde gegenüber. Die einzelnen Menschen hören es jeder auf seine Art. Den einen erreicht dieses Wort besonders, den anderen jenes Bild, der dritte meint, es könne das alles gerade für ihn gesagt sein. Jeder hört das gleiche Evangelium und hört es doch anders als alle anderen. In diesem Teil des Gottesdienstes erlebt sich jedes Ichwesen im selben Raum und mit der selben Aufgabe, aber doch dem Priester gegenüber, und der Priester erlebt sich als der Mensch, der als Einzelner seine Aufgabe erfüllen möchte. Er bittet um die Reinheit seines Herzens und seines Wortes und darum, daß der Geist dieses Wort tragen möge »zu denen, welchen es verkündet werden soll«. Es steht hier das Ich des Priesters den anderen Menschen-ichen gegenüber. Im weiteren Verlauf kann jeder, wenn der Priester »ich« sagt, dies auf sich selbst beziehen oder auf das Wesen der Gemeinde. Hier, im ersten Teil der Weihehandlung, handelt es sich noch um das Ich-Erlebnis als Leibesmensch. Darum stehen die Menschen auf zum Hören des Evangeliums, begeben sich in die senkrechte, aufrechte Leibeshaltung des Ich. In diesem ersten Teil der Menschenweihehandlung kann auch eine Predigt eingefügt werden. Diese stammt aus der persönlichen Beschäftigung des Priesters mit dem Evangelium oder mit der Idee der Festzeit. Jeder Zuhörer nimmt diese Predigt auch in seine ganz persönlichen Verhältnisse auf. Der eine wird mehr, der andere weniger, und jeder an anderer Stelle davon berührt. Zum Zeichen, daß die Predigt der Priesterpersönlichkeit entstammt und auf die einzelnen Menschen verschieden wirkt, setzt der Prediger dazu das Barett auf. Danach spricht der Priester das sogenannte Bekenntnis, die christlichen Grundwahrheiten. Dazu legt er die Stola ab, das Zeichen des überpersönlichen Priesterseins. Denn er spricht mit vielen einzelnen diese Tatsachen aus, zu denen jeder sein eigenes Verhältnis des Verstehens und Anerkennens hat. So erlebt sich in diesem ersten Teil des Gottesdienstes jeder als eigener, getrennt vom anderen, eine Gemeinschaft von im Leib lebenden Ichmenschen.

In der Opferung erlebt man dann sein Ichwesen in der Hingabe. Man gibt sich hin an die Lebensvorgänge der Weihehandlung. Wein und Wasser werden gemischt, die

Luft wird verdichtet und in Bewegung gebracht durch Weihrauch, das Tageslicht wird von Christuslicht erfüllt, Wärme wird erzeugt, die äußere und seelische Atmosphäre durchdringen einander. Der Priester spricht zu Beginn dieses Teiles in Ichform, aber nun mit der Gemeinde zusammen dem Gotte zugewandt, dem Altarbereich zugewandt. In diesem Ichsagen des Priesters sagt jeder einzelne auch ich. Jeder gibt sich hin im Opfer, in seine Aufmerksamkeit an das Geschehen am Altar. Es ist das Ich-Erleben in der Hingabe, im Leben der Seele, das alle einzeln vollziehen und doch zugleich. Die Aufmerksamkeit und Hingabe der Einzelnen richtet sich auf das Gleiche, auf das Opfern von Seele in den lebendigen Elementen.

Wer sich in den Opferungsvorgang hineingibt, kann nicht mehr verschieden vom anderen darüber denken, nicht eine persönliche Meinung oder Erwiderung dazu haben, wie beim Evangelium oder der Predigt. Er kann nur stärker oder schwächer sich an den Opferungsvorgang hingeben. Soviel er sich hingibt, findet er sich als Glied der Gemeinschaft. Das gemeinsame Ichwesen aller Opfernden ist Christus.

So wird das Opfer der Menschen zum Christusopfer. Das wächst noch in den dritten Teil, in den Teil der Wandlung hinüber. Die Gemeinschaft weitet sich noch aus über alle konfessionellen Grenzen, über die Schwelle des Todes und über alle zeitlich-geschichtlichen Begrenzungen. Dann wird die Schicksalssphäre betreten mit den Worten der Einsetzung des heiligen Mahles. Was damals geschah, daß Christus seine Seele mit Brot und Wein einte und durch sie mit dem Schicksal von Mensch und Erde, das ereignet sich immer wieder im Wandlungsgeschehen der Weihehandlung. Wie das Menschen-Ich mit seinem Schicksal identisch ist, so das Gottes-Ich mit dem Schicksal der Menschheit, des Menschseins. Was Christus in der Wandlung bewirkt, ist die karmische Folge seiner Opfertat auf Golgatha, die mit der Hingabe seiner Seele in Brot und Wein begann. Seitdem ist alles Menschenschicksal auch Christi Schicksal, und sein Schicksal ist unser Schicksal geworden. Göttliches Ich und menschliches Ich durchdringen sich im Schicksal, wie das Geheimnis der Wandlung Schicksal Gottes und des Menschen geworden ist.

Im vierten Teil der Weihehandlung wird wieder in »Ichform« gesprochen, nachdem die »Wirform« den Wandlungsteil bestimmte. Denn je mehr sich dem Menschen sein überirdisches Ich nähert, um so mehr erlebt er noch einmal das Irdische. Von Sünde und Sündenkrankheit, von Tod und Leben der Seele, von heilender Arzenei wird gesprochen, aber dies alles in Zuversicht, in Vertrauen auf den, der zur Welt friedvoll steht. Bis in Leib und Blut gibt sich »der unsterbliche Bruder den sterblichen Menschen« hin und spricht das unsterbliche Ich des Menschen im Friedenssegen an. Kommunion ist Ewigkeit im Augenblick. Das überirdische Ichwesen ist ganz im Irdischen, im Erdensein, und das im Leib lebende Ichwesen ist vereint mit Christus in der geistigen Welt. Denn in der Menschenweihehandlung ist Erde verdichteter Geist, und Geist spricht durch den Kultus auf Erden.

So gehen wir durch die vier Teile der Menschenweihehandlung als die vier Bereiche des Ich-Erlebens. Das göttliche Ichwesen aber geht in der Weihehandlung den umgekehrten Weg. Im ersten Teil der Menschenweihehandlung, in dem das Evangelium in den Seelen der teilnehmenden Menschen zum Leben erweckt wird, lebt ja die Biographie des Christus-Ich in den Menschen. Sie schauen ihn an, und er tritt in den Raum mit seinem ganzen göttlichen Ichwesen, wo immer sein Evangelium verkündet wird. Im zweiten Teil, in der Opferung, tritt seine Seele aufs neue in das Schicksal der opfernden Menschen ein. Er verbindet sich mit ihrem Opfer und macht ihr Schicksal zu seinem Schicksal. Nicht nur damals hat er sich mit dem Menschsein verbunden durch das Leben Jesu auf Erden, sondern in der Opferung der Menschenweihehandlung wird urbildhaft, wie er auch weiterhin das Schicksal allen Menschseins zu seinem eigenen macht. Im dritten Teil, wo sich die Wandlung vollzieht, gibt er sein Leben hinein in die Substanzen. Brot und Wein tragen nicht nur pflanzliches Leben, sondern nehmen das Leben des Christus in sich auf. Das macht sie zu seinem Leib und Blut. Im vierten Teil schafft er sich eine neue Leiblichkeit. In der Kommunion der Menschen wird die teilnehmende Gemeinde sein Leib. In diesem Leib wird das göttliche Ich nicht als Trennendes, sondern als Einendes erlebt. So dürfen wir sagen: Das Christus-Ich steigt von der Höhe des Überirdischen, in der es sich den Menschen im Evangelium naht, herab durch die Sphäre der Opferung, in der es Menschenschicksal als sein eigenes aufnimmt, durch die Wandlung, in der es sein Leben hingibt an Brot und Wein, bis zur Leibwerdung in der Kommunion. Dort wird die Gemeinde geeint zu seinem Leib. Es gibt also zwei Ich-Bewegungen in der Menschenweihehandlung. Das Menschen-

Ich steigt aufwärts vom Erleben im Leib beim Hören des Evangeliums zum Leben der Seele in der Hingabe der Opferung, zum Ich-Erleben im Schicksal bei der Wandlung bis zum überirdischen Ich, das es mit Christus in der Kommunion empfängt. Das Christus-Ich steigt herab aus dem Überirdischen im Verkünden des Evangeliums zur Opferung, in der es sein Schicksal mit dem Schicksal der opfernden Menschen eint, zur Wandlung, wo es sein Leben hineingibt in die irdischen Substanzen, bis zur Leibwerdung in der Gemeinde durch die Kommunion. So durchdringen sich in der Menschenweihehandlung der Weg des Christus von oben nach unten und der Weg des Menschen von unten nach oben. Menschen, die im Leib getrennt sind, kommen zusammen, Aufmerksamkeit und Hingabe für das Ganze ist nötig, Hingabe der Menschen und Hingabe Christi. Und es ist das Ganze ein gewaltiges Schicksal zwischen Christus und der Menschenwelt. Die ganze Menschenweihehandlung bewirkt die Erscheinung des überirdischen Menschenwesens in der Gegenwart des göttlichen »Ich bin«.

»Christus in Euch!«

Sieben Mal tönt durch die Menschenweihehandlung der Ruf: Christus in euch. Damit wird ein zukünftiges Ich-Erleben angesprochen, das uns als Gnade zuteil wird. Es besteht aber ein tiefer Zusammenhang zwischen den geschilderten Ichbereichen und den kommenden.

Das Ich-Erleben des Getrenntseins im Leib hat jeder Mensch. Ebenso kennt jeder das Ich-Erleben in der Aufmerksamkeit, und wenn er es annehmen will, kennt er auch die Ich-Erfahrung im Schicksal. Das überirdische Ich zu erleben, bedarf einer gesteigerten Aufmerksamkeit und einer gesteigerten Schicksalsbejahung. Indem ein Mensch die Wirklichkeit seines übersinnlichen Wesens erlebt, weiß er sich zugleich in der Gegenwart des Christus, er beginnt, sein Schicksal nicht mehr getrennt vom Schicksal Christi erleben zu können. Er erlebt dann, daß er, wenn er die Unwahrheit sagt, das Wahrheitswesen Christi verletzt, wenn er lieblos ist, er das Wesen Liebe selbst verletzt, wenn er sich selbst untreu wird, er Christus untreu wird. Er erlebt Christus als den Herrn seines Schicksals, aber als einen Herrn, der seinem Knecht dient, der seinen Knecht Freund nennt (Joh. 15). Und er erlebt sich als einen Diener des Christusschicksals, der im Sinne oder entgegen dem Sinn seines Herrn den Dienst verrichtet. Die Identität mit dem eigenen Schicksal weitet sich aus zur Identität mit dem Schicksal des Christus. Die Seelenschmerzen eines Menschen können Ausdruck sein für die Schmerzen eines alle Menschen umfassenden, ihnen innewohnenden Wesens. Es gibt keinen menschlichen Schmerz, den »der Mensch«, den Christus nicht im Menschen erleiden würde. Wo immer, wie immer das Menschliche in unserer Welt leidet, leidet er. Er leidet unsere Schmerzen, und er leidet seine eigenen durch uns. Denn es gibt kaum ein größeres Leid, als von einem Menschen, den man liebt, nicht beachtet, nicht geachtet, nicht geliebt zu werden. Das aber ist das tägliche Leid des Christus gegenüber jedem einzelnen Menschen, denn wer läßt ihn denn wirklich in seinem Leben gegenwärtig sein, bemerkt, geachtet, geliebt? Wir dagegen sind ihm immer gegenwärtig, sind beachtet und geliebt. Unsere Schmerzen und unsere Freuden gehören zu seinen Schmerzen und Freuden. Durch sie haben wir Anteil an ihm.

Christus leidet als das wahre Wesen des Menschen in jedem Menschen und als der Geist der Erde in allem, was der Erde schmerzliches angetan wird. Das ist ein neuer Bereich des menschlichen Ich-Erlebens, der »Christus in euch« im Schicksal.

Auch die Ich-Erfahrung im Leben der Seele wird umgewandelt durch das »Christus in euch«. Was wir im Gespräch mit Menschen als Lebensatem, Lebensrhythmus des Ich kennengelernt haben, können wir steigern zu einem Gespräch mit Christus. Wie kann das vor sich gehen? Jeder muß es selber tun und seine Erfahrung dabei machen. Aber Beispiele können zeigen, daß es geschieht. Auf einer einsamen Wanderung hing ein hier nicht genannter

Mensch seinen Gedanken nach. Es kam ihm eine Frage, die er schließlich sehr direkt aussprach: »Warum machst du es den Menschen so schwer, an deine Existenz zu glauben? Warum gibst du ihnen nicht deutliche und eindeutige Zeichen und Beweise deiner Gegenwart? Verlangst du nicht zuviel von den heutigen Menschen, daß sie dich bei all dem Lauten, Vordergründigen bemerken sollen, wo du dich nicht deutlich zu erkennen gibst?« Am nächsten Tag war dieser Mensch wieder in einsamer Gegend unterwegs. Wieder sinnierte er beim Gehen für sich. Er dachte nicht mehr an die gestrige Frage, denn er hatte auch nicht eine direkte Antwort erwartet. Plötzlich geschah ihm etwas Unbeschreibliches. Ein Vorhang zerriß, der Vorhang seiner Illusionen über sich selbst. Er sah sich so, wie er in Wahrheit ist, nicht so, wie er meinte zu sein. Und dieser Eindruck war be-stürzend, niederschmetternd. Er wollte im Boden versinken vor Scham. Aber indem er sich so in der Tiefe seiner moralischen Existenz erlebte, fühlte er, daß er die Begegnung mit sich selbst nur aushalten konnte, weil da eine geistige Gegenwart war. Die Gegenwart Christi wurde ihm unmittelbare Gewißheit. Als das Erlebnis vorüber war, fiel ihm ein, wie er am Tag zuvor gefragt hatte, ja sogar gehadert hatte. Wie in dem Hadern und Fragen ein Bitten gewesen war. Nun war ihm diese Bitte auf gänzlich unerwartete Weise erfüllt worden. Er hatte Ihn erlebt. Er hatte auf seine Weise geantwortet. Der Rhythmus von Zuhören und Sprechen in dem Gespräch mit Ihm vollzog sich über einen ganzen Tag. Der Mensch erlebte seinen Gesprächspartner in sich selbst, und sich selbst erlebte er wie einen, der ihm von außen erscheint, von außen begegnet. Aber am Ende dieses Gesprächs war das Ichwesen »in ihm« und das Ichwesen »außer ihm« in Einklang. Durch dieses Erlebnis lernte er neu zu beten. Er wußte, daß seine Worte gehört wurden, aber daß der Hörende einen anderen Gesprächsrhythmus hat als die Menschen untereinander und daß er, der Mensch, nur manchmal vermag, das Sprechen des Christus im Innern zu vernehmen, auch wenn er schon lange oder oft gesprochen hat.

Wir sind meistens schlechte Gesprächspartner, hören nicht zu, sondern reden selber, fallen ihm ins Wort, lassen ihn nicht ausreden. Im Beten üben wir den Einklang von Sprechendem und Hörendem. Denn wer wahrhaft betet: »Vater unser«, in dem spricht der Sohn, der Vater sagen darf, der in allen betenden Menschen »Vater unser« sagt. In diesen sieben Gebetssätzen verarbeitet, »verdaut« der Mensch sein Leben mit Gott, und Gott mit seinen Engeln empfängt die Gebete der Menschen wie Brot, wie eine Nahrung, durch die er Menschengeistigkeit der göttlichen Weltengeistigkeit immer wieder einverleibt. Der betende Christus in uns ist das Brot des Lebens für Menschen- und Gotteswesen. So wird die Ich-Erfahrung im Leben der Seele zu einer Christus-Erfahrung durch das Leben im Gebet.

Und wenn das »Christus in euch« bis in den Leib hineinwirkt, dann wird das Ich-Erlebnis der Trennung, wie wir es im Leib haben, umgewandelt in Vereinigung, in Kommunion. Dann wird die Menschengemeinschaft zum Leib des »Christus in euch«, und das Ichwesen strömt als sein Blut durch den Leib der Gemeinschaft.

Wir können durch die Erziehung Hilfe bekommen, ein mündiger Mensch zu werden, eine geschlossene Persönlichkeit im Leib. Wir können durch Selbsterziehung daran arbeiten, unser Ichwesen in der Hingabe zu üben, in der Aufmerksamkeit zu erfahren. Wir können auch durch Danken gegenüber dem Gewesenen und Vertrauen auf das Kommende unser Ichwesen im Schicksal finden als das den Tod überdauernde. Wir können in Stunden der Ohnmacht, der Sprachlosigkeit oder in Augenblicken der Liebe begnadet werden mit dem Erleben des überirdischen Ichwesens, das wir als Übereinstimmung mit uns selbst und zugleich mit dem Ichwesen aller Menschen erleben.

Wem das Erfahrung und Gewißheit wurde, der wird erwachen für das Christusschicksal in allem Menschenschicksal. Ihm wird Beten ein Sprechen des Christus in uns, und er wird horchen auf sein Sprechen in den Ereignissen des Lebens. Er wird das Getrenntsein von den anderen Menschen im Leib umwandeln in ein Vereintsein mit anderen Menschen zu einer Gemeinschaft, die für Christus Leib sein kann.

So können wir zum Abschluß dieser Betrachtung die sieben Weisen des Ich-Erlebens zusammenfassen als ein Auf- und Niedersteigen von Himmelskräften:

Überirdisches Ich
in der Gegenwart Christi

Ich-Erleben
im Schicksal

Einklang von Mensch und
Christus im Schicksal

Ich-Erleben im
Leben der Seele

Einklang von Mensch und
Christus im Leben der Seele

Ich-Erleben
im Leibe

Einklang von Mensch
und Christus im Leib der
Gemeinschaft

Durch Erziehung und Selbsterziehung steigen wir auf zum überirdischen Ich-Erleben. Begnadet von der Gegenwart Christi steigen wir nieder, um ihm als Gemeinschaft der Christen auf Erden Leib zu werden.

Wenn wir auch immer wieder aus diesem auf- und niedersteigenden Ichgeschehen herausfallen und dann »klagend am Boden liegen«, so gibt es seit Golgatha die Kraft der Erhebung. Wo immer der Mensch »ins Rechte gedacht wird«, fühlt er sich erhoben. Goethe hat diesen Ausdruck geprägt:

»Alle Tag und alle Nächte
rühm ich so des Menschen Los.
Denkt er ewig sich ins Rechte,
ist er ewig schön und groß.«

Im Durchleben dieser sieben Ich-Stadien kann der Mensch sich selbst, kann er auch einen anderen ins Rechte denken. Er muß keine Minderwertigkeitsgefühle bekommen, wenn er nicht als starke, selbstbewußte, geschlossene Persönlichkeit auftritt, denn das wäre ja nur ein einziger

Aspekt der Ichnatur. Vielleicht ist es die Ohnmacht, durch die er muß, um neue Stadien zu erfahren. Vielleicht ist es die Herausforderung, im Danken und Vertrauen gegenüber dem Ich im Schicksal sich zu üben, beten zu lernen. Erst wenn wir an-erkennen: das Ich ist nicht *etwas*, sondern lebt im Auf- und Niedersteigen, erleben wir den schaffenden Gott, den Christus. Zu seinem Schaffen gehört es, den Menschen ewig ins Rechte zu denken. Durch seine Gegenwart wird der Mensch schön und groß. Durch »Christus in uns« wird der Mensch Christ, wird die Menschengemeinschaft Christengemeinschaft.

Das Verhältnis der sieben Ich-bin-Worte Christi zu den sieben Wochentagen

Übungen zur Ich-Besinnung

Wir können über das Ich nach-sinnen und wir können dem Ich Sinn geben. Zum Nachsinnen brauchen wir unser Denken, zum Sinn-geben unser Tun. Beides gehört zusammen. Im Nachsinnen fängt schon die Sinngebung an, denn es gibt keine Sinngebung, der nicht Nachsinnen vorausging. Die Quelle für beides, für das sinnende Denken und das sinngebende Tun ist das göttliche Wesen des Ich. Wir Menschen können es uns zur Übung machen, ihm uns täglich zuzuwenden, damit er uns nahe kommen kann, uns anrühren, bewegen kann, bis wir ihn selbst als den Sinn unseres Sinnens und Sinngebens erfahren. Mit dem Folgenden werden dafür Anregungen gegeben. Wir können ent-decken, daß jeder Tag einen zum Staunen, zum Wundern tiefen Bezug hat zu einem der sieben bildhaften Ich-bin-Worte, mit denen das Johannes-Evangelium Christus sein Wesen aussprechen läßt. Die Übung kann darin bestehen, jeden Tag sich sinnend und Sinngebend einem dieser göttlichen Ich-Strahlen hinzugeben. Wer das durch viele Jahre tut, wird erleben, was im Johannesprolog so gesagt wird! *»Die seinem Namen vertrauten (dem Namen »Ich bin«), sind nicht aus Blut, nicht aus dem Willen des Fleisches und nicht aus menschlichem Willen,* *sondern aus Gott geworden. Und das Wort ist Fleisch geworden und hat unter uns gewohnt, und wir haben seine Doxa, seine Wesensstrahlung geschaut, die Strahlung des eingeborenen Sohnes vom Vater, erfüllt von Hingabe und Wahrheit.«*

Wer sich der siebenfachen Wesenserstrahlung, der Doxa Christi, hingibt, erlebt Charis und Aleteia. Charis ist das griechische Wort, das nur durch viele deutsche Worte übersetzt werden kann und doch in dem einen Wort alles birgt: Hingabe, Gnade, Dank, Anmut, das alles ist Charis. Aleteia heißt wörtlich: das »Nichtvergessen«, die Erinnerung, im Sinne der Wahrheit. Aus der Fülle des Christus-Ich wird unser Ich erhalten, und es erlebt das göttliche Ich sinnend und Sinngebend als Hingabe und Wahrheit. Nun soll versucht werden, das Wesen jedes Tages mit einem Strahl des Ich-bin zu erleuchten und zu erfüllen. Für die vielen Wochen des Jahres soll uns die »große Woche« als Urbild dienen. Im Volksmund wird die Woche vor Ostern die »große Woche« genannt. Jeder Tag dieser Woche hat seine ihm eigenen Geschehnisse im Leben Jesu, die uns hinweisen auf das Verhältnis des Christus-Ich zu jedem Tag der Woche.

Die große Woche beginnt mit dem Palmsonntag und endet mit dem Karsamstag. So wollen wir in dieser Wochentags-Besinnung und Sinngebung auch mit dem Sonntag, dem ersten Tag der Woche, beginnen und mit dem siebenten Tag, dem Sabbat, Samstag, beschließen. Es wird sich als evident erweisen, daß dem ersten Tag das Wort zugehört: »Ich bin das Licht der Welt«, und daß die Zuordnung zu den Wochentagen darum so aussieht:

Sonntag: »Ich bin das Licht der Welt« (Joh. 8)
Montag: »Ich bin die Tür« (Joh. 10)
Dienstag: »Ich bin der gute Hirte« (Joh. 10)
Mittwoch: »Ich bin die Auferstehung und das Leben« (Joh. 11)
Donnerstag: »Ich bin der Weg, die Wahrheit und das Leben« (Joh. 14)
Freitag: »Ich bin der wahre Weinstock« (Joh. 15)
Samstag: »Ich bin das Brot des Lebens« (Joh. 6)

Es gibt noch eine größere Woche als die »große Woche«, das sind die sieben Schöpfungstage, von denen der Anfang der Bibel erzählt. Durch sein Wort rief Gott die Schöpfung hervor, durch das Wort, das selber ein Gott ist und Mensch geworden ist und als Mensch sich ausgesprochen hat im siebenfachen Ich-bin.

Sonntag – »Ich bin das Licht der Welt«

Am ersten Tag der Weltenschöpfung sprach Gott: »Es werde Licht, und es ward Licht. Die Trennung von Licht und Finsternis vollzog er und nannte das Licht Tag und die Finsternis Nacht.« Als das Wort Gottes Mensch geworden war, sprach es: »Ich bin das Licht der Welt«. Am Sonntag der großen Woche erlebten die Menschen die Lichthaftigkeit seines Ichwesens. Aber es war noch nicht der erste Tag seiner neuen Schöpfung, die am Sonntag danach mit seiner Auferstehung begann. Der Palmsonntag ist die Oktave vor der Geburt des Ich in der Menschheit.

Was geschah mit dem Licht der Welt am ersten Tag der großen Woche? Äußerlich gesehen erfüllte sich das Prophetenwort: Jesus zog auf einer Eselin in die Stadt Jerusalem ein und das Volk jubelte ihm zu, als dem Sohne Davids, dem langersehnten Heilbringer und König. Sie erlebten an ihm etwas vom Licht der Welt, aber sie erlebten es, indem sie außer sich gerieten. Die ganze Stadt war in Ekstase, in rauschhafter Begeisterung. Das Licht des Ich-bin schien zwar in die Finsternis des Volkes, »aber die Finsternis hat es nicht begriffen«. »Bis zu den einzelnen Menschen kam es« im Lauf von drei Jahren, »aber die einzelnen Menschen nahmen es nicht auf«. Das Licht der Welt strahlte wie eine Sonne aus von dem, der da in Jerusalem einritt. Und wie die Sonne im Frühling alles Grün und alle Blüten aus der Finsternis hervorruft, so rief er die Menschenseelen aus ihrer Seelenverdunkelung heraus. Und wie die Natur im Frühjahr mit Farben, Düften, Klängen aus sich herausgeht, sich hinaus verströmt, so ging auch das Volk im Jubel über sich hinaus und begrüßte das göttliche Licht außer sich.

Erst wenn die Blüten welken, die Früchte reifen, nimmt die Pflanze die Sonnenkräfte in sich hinein, sammelt sie im Samenkorn, das in die Erde gelegt wird und sterben muß, um in vielen Pflanzen aufzuerstehen. Als Christus, das Licht der Welt, am Palmsonntag in Jerusalem einzog, wußte nur er, daß das Licht ins Innere einziehen muß durch die Ereignisse der Woche, daß das Samenkorn sterben muß, um seine Lichtkraft vielen Ichwesen mitzuteilen. Er wußte, daß der Palmsonntag noch nicht der erste Tag der Woche war, an der die Schöpfung aus dem Ich beginnen sollte. Er war bereit, das Licht der Welt durch Passion und Sterben ins Innere der Menschheit zu bringen, daß es als erstes die Auferstehung erfahre. Die Frauen, die zum Grabe kamen, wurden von diesem Mysterium angerührt »als die Sonne aufging«.

Seitdem geschieht es immer wieder, daß in besonderen Stunden, in denen Christus in die Finsternis unseres Lebens einzieht, wir Menschen ihm zujubeln als dem Licht der Welt. Das Erleben des Frühlings gehört dazu, des Frühlings in der Natur, des Frühlings der Jugend, der ersten Liebe, der ersten Begegnung mit einem Menschen. Auch die Freude an neuer Erkenntnis, an einem neuen Erkenntnisweg, den wir gefunden haben, die Liebe zu einer neuen Gemeinschaft, Christengemeinschaft, das Erleben allen vom Schicksal uns geschenkten Glückes ist solch ein Palmsonntagsjubel dem entgegen, der uns beschenkt. Wir dürfen immer wieder den Einzug des Lichtes in die Finsternis erleben. Aber wir müssen zugleich das Wissen in uns tragen, das damals der Mensch Jesus in sich trug: Dies ist der Anfang der großen Woche und das Glück, der Jubel stammt aus Vergangenheiten, stammt aus karmischer Gesetzmäßigkeit, kommt von außen zu uns. Wir dürfen dem Licht der Welt zujubeln, wenn es uns Schicksalsglück von außen beschert. Aber seien wir dann auch bereit, mit dem Licht der Welt in die Passion zu gehen, in Sterbevorgänge bis in das Begraben des Glückes, denn nur so wird das Licht aus dem Inneren und Eigenen des einzelnen Menschen eine neue Schöpfung hervorbringen, neues Schicksal aus der Verantwortung für den Menschen und der ihm anvertrauten Erde. Christus hat nicht gesagt: Ich bin ein Licht, sondern: Ich bin das Licht der Welt. Wer aus dem Jubel über die persönliche Begegnung mit dem Lichthaften durch Leiden, Sterben und Begraben geht, erfährt sich selbst als Teilhaber am Christusschicksal und Christus als den, der jedes Leid als sein eigenes Leid erlebt, jedes Menschenschicksal als sein eigenes. Erst dann beginnt die neue Schöpfung.

Wie die erste Schöpfung aus dem Wort Gottes hervorging, so die zweite Schöpfung aus der Ver-Antwortung des Menschen gegenüber dem Wortesgott, der aus dem Menschen wirkt als der, der sagt: »Ich bin das Licht der Welt«. Wann immer wir im Leben solche Lichterfahrungen machen, erleben wir diesen zweiten Strahl des Ich-bin. Wir können aber unabhängig davon den Sonntag zum Anlaß nehmen, über das Wort nachzusinnen: »Ich bin das Licht der Welt«, und so an dem Wahrnehmungs-Sinn bilden für dieses Licht, mit dem wir all unserem Tun Sinn zu geben vermögen, »Liebesinn«.

Montag – »Ich bin die Tür«

Am zweiten Tag der Weltenschöpfung trennte Gott durch sein Wort die Wasser über der Feste und unter der Feste des Himmelsgewölbes. Die Ursubstanz, das Urgewässer, über dem der Geist Gottes vor aller Schöpfung brütete, diese Ursubstanz, die alles zu Schaffende noch verborgen hielt, begab sich in zwei entgegengesetzte Richtungen, nach oben und nach unten. Das göttliche Wort selbst war die Tür zwischen dem Oben und Unten. Durch sein Wort wurde das nach unten gegangene Element Wasser in lebendigen Aether hinaufgerufen und der lebendige Aether in das Wasserelement hinunter verdichtet. Zwischen Wasserelement und Lebensaether war das Wort Gottes der

Durchgang, die Tür. Als das Wort Mensch geworden war, sprach es sich aus in dem dritten Strahl seines Wesens: »Ich bin die Tür«.

Der zweite Tag der Woche ist der Mondtag. Der Mondtag hat eine große Affinität zum Wasserelement. Ebbe und Flut stehen unter seinem Einfluß. Die Rhythmen des weiblichen Organismus, der Drüsentätigkeit, die das Aetherische im Leib trägt und davon bewegt wird, sie stehen unter dem Einfluß der Mondenkräfte. Auf der anderen Seite hat das menschliche Gehirn Verwandtschaft zum Mond. Wie der Mond ein totes Gebilde ist und das Licht der Sonne reflektiert, so gehört auch das Gehirn zum Toten im Menschen, aber es spiegelt in den Gedanken das Licht des Geistes.

Die Mondenkräfte sind beteiligt an der Geburt des Menschen auf Erden. Sie sind auch beteiligt an der Gedankenbildung, die den Menschen wieder hinauf steigen läßt ins Geistige. Aber nur durch den, der sagt: »Ich bin die Tür«, führt die natürliche Geburt zur Ich-Geburt auf Erden. Und nur durch Ihn wird das Denken aus dem Grab des Gehirns zur Auferstehung geführt. Es wird von einem Nach-denken des Gewordenen zu einem schöpferischen Denken als einer Tat, in die sich das Ich hineingibt. Ich kann etwas, das es schon gibt, nach-denken. Und ich kann etwas, das es nicht gibt, durch mein Denken hervorrufen; und nur dann gibt es diesen Zusammenhang, diese Bildung, diesen Sinn, wenn ein Ich ihn denkt. Viele Menschen klagen darüber, daß das Leben keinen Sinn habe. Sie wollen einen vorgegebenen Sinn nachdenken. Da ist aber nichts Fertiges gegeben. Aus dem Material des Lebens muß der Sinn denkend vollbracht, hervor-gerufen, geschaffen werden. Zwischen Geburts- und Todeskräften, die der Mond beeinflußt, lebt der Mensch. Was vor der Geburt und nach dem Tod liegt, bleibt ihm verschlossen, wenn er nicht den göttlichen Wesensstrahl aufnimmt: »Ich bin die Tür.« Dann wird auch die Welt des Mondes türhaft. Geburt wird zur Tür und Tod wird ein Durchgang, eine Tür.

Am Montag der Karwoche gab es zwei Ereignisse, die der menschlichen Vorstellung von Christus schwer entsprechen. Das eine war, daß er mit seinen Jüngern an einem Feigenbaum vorbeikam, der keine Früchte trug, weil gar nicht die Jahreszeit für Früchte war. Christus sagte zu dem Feigenbaum, daß er von jetzt an nie mehr Früchte tragen solle. Am nächsten Morgen sahen die Jünger diesen Baum verdorrt. Das andere Ereignis am Karmontag ist, daß er die Händler und Wechsler mit einer Peitsche aus dem Tempel treibt, ihre Tische umwirft und mit Zorn ruft: »Mein Haus soll ein Haus des Gebetes sein. Ihr aber habt eine Räuberhöhle daraus gemacht«. Was für ein Mensch ist das, der einen Feigenbaum verdorren läßt und gegen Menschen einen solchen Zorn bekommt? Beim Feigenbaum handelt es sich um ein Gleichnis. In der Sprache der Eingeweihten bedeutete das Bild des unter dem Feigenbaum sitzenden Menschen, daß er sich mit seiner Seele meditierend aus dem Körper herauszog und ganz im Geistigen lebte, obwohl er noch ein Erdenmensch war. Rudolf Steiner hat auf diese Tatsache aufmerksam gemacht anläßlich der Schilderung im Johannes-Evangelium, wo Christus zu Nathanael sagt, als dieser sich wundert, daß

Christus ihn kennt: »Ehe dich Philippus rief, als du unter dem Feigenbaum saßest, habe ich dich schon gesehen«. An diesem Wort erkennt Nathanael den Meister. Doch seit Gott in Menschengestalt auf die Erde gekommen ist, sollen sich die Menschen nicht mehr von der Erde abwenden und den Leib verlassen, um dem Göttlichen zu begegnen, sondern in der Liebe zur Erde und zum Menschen Ihn erfahren, wie er selber Erde und Mensch geliebt hat, sich zu ihnen bekannt, an sie geglaubt hat.

Das Sitzen unter dem Feigenbaum, das Fortstreben von der Erde, muß aufhören. Der Feigenbaum muß verdorren, weil er keine Früchte bringt, weil es nicht mehr seine Zeit ist. Aber das Gegenteil darf auch nicht zugelassen werden. Die Menschen, die den Tempel Gottes entweihen und nur noch an irdischen Besitz denken, bekommen den heiligen Zorn des Christus zu spüren. Gilt doch für sie nurmehr das Materielle. Der Tempel ist die irdische Wohnung Gottes. Alles Irdische kann sein Tempel werden durch das, was die Menschen darin tun. Der Leib kann Tempel Gottes sein oder eine Menschengemeinschaft. Der Mensch kann den Wald zum Tempel weihen, wenn er darin Andacht an den Geist Gottes in den Wesen des Waldes übt. Ein Orchester kann zum Tempel werden, eine Schulstube, ein Krankenzimmer und vieles mehr. Aber all dies kann auch zur Räuberhöhle gemacht werden, wenn sich die Menschen von Geld und Besitz an die Erde ketten lassen.

Am Karmontag ist Christus die Tür, die geschlossen sein muß, damit der Mensch nicht von der Erde flieht. Und er ist die Tür, durch die alle herausgetrieben werden, die den Tempel zur Räuberhöhle machen. Die Mondengefahr wird abgewendet, das Nur-Oben oder das Nur-Unten, nur Gebären, nur Sterben. Derjenige gleicht die Mondenkräfte aus, der sagen darf: »Ich bin die Tür«.

An jedem Tag der Woche sind wir in der Gefahr, diesen beiden Einseitigkeiten zu verfallen. Wir können den Montag dazu bestimmen, an diesem Tag über das dritte Strahlwort des Ich-bin nachzusinnen und den Mondkräften durch unser Leben »im Tempel« ihren Sinn zu geben.

Dienstag – »Ich bin der gute Hirte«

Am dritten Tag der Schöpfung ließ Gott das Wasser sich sammeln, so daß die Erde zum Vorschein kam. Das feste Element trat aus dem Wässrigen hervor. Die unterste Stufe der Erdenwesen, das Mineralische, entstand, und dann die nächste Stufe, die Pflanzenwelt. Das war der Anfang der Erde, die die Entwicklung der Menschheit einmal tragen und mitleben sollte. Der Mensch sollte nicht nur ein Lichtwesen, nicht nur ein Lebewesen sein, er sollte ein Erdenwesen werden. Auf ihn hin wurde die Erde mit Mineral-, Pflanzen- und Tierreich von Gott hervorgerufen: Am dritten Tag war sie noch tier- und menschenlos, war noch in kindhaftem Zustand, eben aus dem Wasser herausgeboren. Noch lag alles vor ihr, was kommen würde. Noch stand sie unter dem Schutz und dem Geleit dessen, der sie hervorgerufen hatte, der das Wort Gottes war. Später, als Mensch, sollte er sein Wesen mit dem Wort bezeichnen: »Ich bin der gute Hirte«. Er war der Hüter und Pfleger der neugeborenen Erde. Als die Erde herangewachsen war und der Mensch sie bewohnte, wurde sie vom Menschen in den Fall gerissen, wurde dadurch zum Schauplatz für Kriege, für Streit und Kampf. Der Kriegsgott bemächtigte sich ihrer und stellte alle Erdenreiche unter sein Regiment. Man nannte ihn Mars, Ares, Tiu und weihte ihm den dritten Tag der Woche, den Tiustag, Dienstag, Marstag, mardi.

Es war der dritte Tag, an dem Gott einst die Erde schuf. Nun wurde sie vom Kriegsgott beherrscht und ausgebeutet. Die Menschen waren in seine Knechtschaft geraten. »Friede auf Erden« sangen die Engel, als der geboren wurde, der dem Krieg, dem Kampf und Streit einen neuen Sinn gab. Nur der gute Hirte vermag den Kriegsgott in seinen Dienst zu stellen.

Am dritten Tag der Karwoche war Christus im Tempel und hatte vielerlei Gespräche mit Menschen und Menschengruppen. Man nennt sie oft Streitgespräche, man könnte sie auch Hirtengespräche nennen, sieht Christus in ihnen allen doch Menschen, die ihm anvertraut sind. Aber er sieht auch, wie sie vom Weg abgekommen sind, wie der Wolf, der Löwe in ihnen sich über sie hermacht, sie als Beute wegreißen will. Und er kämpft in all den Gesprächen mit verschiedenen Waffen gegen die Feinde des Menschen. Er fürchtet sich nicht vor den wilden Tieren, vor den Schlangen und Skorpionen, die den Menschen bedrohen. Er tritt ihnen entgegen, entwaffnet sie, bringt sie zum Verstummen oder zum Verlassen der Herde. Die seine Stimme hören, führt er zu Quellen und Weideland. Lebensnahrung und Wegorientierung gibt er ihnen durch Gleichnisse und starke Worte. Er ist kein Mietling, der davonläuft, wenn er den Wolf kommen sieht. Er gibt sein

Leben, seine Seele, sein Ichwesen hin in jedem Wort, in jeden Kampf, den er um den Menschen führt, auch um den Menschen in seinen Feinden.

Er zeigt ihnen, daß es nicht um leibliche Kämpfe und Kriege geht, sondern um die Kämpfe in der eigenen Seele, um Selbstbeherrschung und Selbst-Überwindung, um Selbst-Erkenntnis. Er zeigt ihnen, wie man seinen Feind lieben kann, weil er zum eigenen Schicksal gehört, weil man ihn braucht zur Erfüllung des eigenen Auftrags, so wie Jesus seine Feinde, wie er auch Judas gebraucht hat und zu den Zwölfen erwählt hat, obwohl er wußte, daß dieser an ihm Verrat üben würde. Auch Judas gehört zu der Herde des guten Hirten, wie auch die Menschen, mit denen er am Kardienstag Streitgespräche führte. Das Kränkende, Verletzende geht der Heilung voraus. Der Irrende, Schwache, Verblendete, Abgründige, der nicht weiter weiß oder aus Hochmut in die Tiefe stürzt, sie alle können erfahren den göttlichen Wesensstrahl: »Ich bin der gute Hirte«.

Die Stimme ist es, an der sie ihn erkennen. Kein falscher Ton, keine hohlen, keine leeren Worte, keine Verstellung, auch nicht die Stimme eines Jedermann, eines Standes, eines Gesetzes, sondern die Stimme des Menschen ist seine Stimme. Ich kann sie im Schweigen hören und auch im Sprechen jedes Menschen. Wo Hingabe ist, da ist der gute Hirte, der sein Leben hingibt für die ihm Anvertrauten. Seine Stimme ist erfüllt von seiner Hingabe. An der Hingabe erkennt er die Seinen und die Seinen erkennen ihn. Wir können immer versuchen, auf die Stimme der Hingabe, der Wesensgemäßheit zu achten und uns als Verirrte von ihr finden lassen. Wir können eine Übung für den Dienstag, den Marstag, daraus machen, dem in uns Raum zu geben, der uns zur Selbst-Überwindung aufruft durch Hingabe an alles, was dem Menschsein Sinn gibt, so daß die Streitkräfte in uns zu Friedenskräften um uns werden, weil der vierte göttliche Wesensstrahl uns leitet: »Ich bin der gute Hirte«.

Mittwoch – »Ich bin die Auferstehung und das Leben«

Am vierten Tag der Weltenschöpfung schuf Gott die Gestirne, Sonne und Mond. Dadurch wurde die Erde in die Zeiten und kosmischen Ordnungen gestellt. Durch die Jahrtausende hat sich der Mensch immer mehr aus den kosmischen Ordnungen gelöst, hat den Tag zur Nacht, die Nacht zum Tag gemacht, hat in die Zusammenhänge von Geburt und Tod eingegriffen, hat die Erde wie einen toten Besitz behandelt. Heute ist die Menschheit so weit, daß sie die Ordnungen selbst zerstört, in den äußeren Kosmos eingreift. Die Erde und ihre Elemente antworten mit Beben und Überflutungen darauf, wie ein Mensch auf Giftstoffe, die ihn krankmachen, mit Fieber und Schüttelfrost reagiert. Aber die Menschen nehmen die Erde nicht ernst, wollen nicht anerkennen, daß sie ein lebendiges Wesen ist, versündigen sich weiterhin an ihr. Sünde betrifft heute nicht mehr nur den einzelnen Menschen in seiner moralischen Schwäche, sondern Sünde ist eine Krankheit, die als Folge der Geistverleugnung Leib und Leben von Erde und Mensch befällt.

In der Mitte der Zeiten geschah die große Heilungstat auf Golgatha. Da hat der Gott, dessen Schöpfung durch den Menschen in die Krankheit gerissen wurde, in die Sonderung und Zerstörung der kosmischen Ordnungen eingegriffen, da hat dieser Gott selber Menschengestalt und -wesen angenommen und hat jede Stunde seines Lebens mit dem Kosmos in Einklang gebracht. Sein Leben war eine große Menschenweihehandlung, denn weihen heißt, etwas mit seinem geistigen Ursprung wieder verbinden. Er hat das Menschen-Ich mit seinem Ursprung wieder verbunden. Davon künden die sieben Ich-bin-Worte. Er hat die Menschenseele mit ihrem Ursprung wieder verbunden. Davon künden seine Worte und heilenden Taten. Durch sein Wort wird die Seele des Menschen gesund. Seine Heilungen sind immer Heilungen der Seele, die sich im Leiblichen auswirken. »Sündige hinfort nicht mehr«, das bezieht sich auf die Heilung, die Weihe der Seele. Er hat das menschliche Leben mit seinem Ursprung verbunden, indem er die Stationen seines Lebens in die kosmischen Ordnungen hineinstellte: Die Geburt am 24. Dezember, die Taufe am 6. Januar, dazwischen die zwölf Tage »zwischen den Jahren«, die wie Keimpunkte sind für die Wirkung der zwölf Gestirne des Tierkreises im Jahreslauf. Tod und Auferstehung hat er so in die kosmische Ordnung gestellt, daß der erste Tag der neuen Schöpfung aus dem Ich am ersten Sonntag nach dem Vollmond ist, der auf die Frühlings-Tag- und Nachtgleiche folgt. Eine Woche davor, die große Woche, hat er durch sein Leben mit der kosmischen Urwoche in Einklang gebracht. Die beiden Boten und Wegbereiter, der Mensch Johannes und der Engel Michael, bilden mit ihren Festeszeiten zu dem Leben Jesu ein großes Kreuz im Jahreslauf. Johanni liegt dem

Weihnachtsgeschehen gegenüber, Michaeli dem Ostergeschehen. Das Leben Jesu Christi auf Erden gibt dem Menschen das Mittel, sich und die Erde in Freiheit wieder mit der kosmischen Ordnung zu verbinden.

Auch den Menschenleib hat Christus wieder mit seinem Ursprung verbunden. Das zeigte sich zum ersten Mal auf dem Berg Tabor, als die Jünger ihn als vom Geist durchleuchtet schauten. Vollendet wurde die Herstellung des Menschenleibes am Palmsonntag, als er schon in Jerusalem eingezogen war. Eine seltsame Szene beschreibt da Johannes im 12. Kapitel. Einige Griechen kommen zu Philippus mit der Bitte, sie wollten Jesus sehen, leibhaftig sehen, nicht nur hören. Er führt sie zu Jesus genau zu der Stunde, in der dessen Leib vom letzten Rest des Geistes befreit wird, der der Geist der Verfinsterung, der Verhärtung, der Erdverhaftung ist. Der Fürst dieser Welt wird er genannt. Jesus spricht davon, daß nun die Stunde gekommen ist, wo für die ganze Welt die große Entscheidung fällt. Der Fürst dieser Welt wird ausgeschieden. Der Leib des Menschen ist von ihm befreit und wieder mit seinem Ursprung verbunden. Die Stimme Gottes bestätigt, daß er den Leib des Christus verklärt und mit seiner Doxa, Wesensstrahlung, ganz durchdrungen hat. Die Menschen sagen: Es hat gedonnert. Andere sagen: Ein Engel hat mit ihm gesprochen. Aber es war die Austreibung der Todesmacht aus dem Leib. Nun konnte er in den Tod gehen, aus dem der unsterbliche Leib auferstehen würde.

Dieser Leib war es, der in Einklang war mit dem Kosmos, der am Mittwoch, am vierten Tag der großen Woche von Maria Magdalena gesalbt wurde. Nur Jesus selbst hat diese Tat verstanden. Maria Magdalena hat in ein sichtbares Zeichen gebracht, was an seinem Leib geschehen war. Sie hat ihn geweiht und damit anschaubar gemacht, daß er mit seinem Ursprung wieder verbunden war. Wie der Duft der Salbung das ganze Haus erfüllte, so würden die Heilströme von diesem Leib die ganze Menschheit erfüllen.

Mittwoch, das ist der Tag des Merkur, des heilenden Gottes, der den Stab mit der aufgerichteten Schlange trägt. An diesem Tag wurde Christus von Maria Magdalena als der Weltenarzt geweiht, der den Menschen und die Erde der kosmischen Ordnung einfügen will. Durch seine Opfertat hat er es für Ich, Seele, Leben und Leib des Menschen vollbracht. Sein Leib wurde in die Erde gelegt als heilende Arzenei. Sein Leben hat sich mit dem Leben der Erde verbunden. Seine Seele heiligt durch die Festesereignisse den Jahreslauf der Erde. Sein göttliches Ich ist der Geist der Erde geworden. Durch zweitausend Jahre haben die Menschen das Christentum als eine persönlich-menschliche Angelegenheit genommen. Doch daß der Gott, der am vierten Schöpfungstag Sonne, Mond und Sterne und damit die kosmische Ordnung schuf, in die er die Erde einbezog, daß dieser Gott nicht nur dem Menschen, sondern der Erde Heilung bringen will, dieses zu verstehen, dafür fangen die Menschen jetzt erst an, aufzuwachen, wo sie die Erde in den Untergang treiben.

Wie Maria Magdalena den Menschenleib Christi salbte, so braucht heute die Erde als der Leib Christi eine Heilung, eine Weihe durch uns, die wir uns dem Geist der Erde liebend zur Verfügung stellen wollen. Maria hat ihn in seiner Menschengestalt geliebt. Er wartet darauf, daß wir ihn in seiner Erdengestalt lieben und an seinem Erdenleib das tun, was der kosmischen Ordnung entspricht. Er ringt um Leben und Leib der Erde, wie er damals in Gethsemane um das Leben seines Menschenleibes rang. Es war ja ein Todeskampf; von Agonie spricht der Arzt Lukas. Und Christus rang darum, nicht eher zu sterben, als bis er sein Werk durch Leiden und Sterben am Kreuz erfüllt und vollbracht habe.

Damals bat er die Jünger, mit ihm zu wachen und zu beten, daß er durchzustehen vermöchte bis zum gottgewollten Hinübergang. Auch heute bittet er die, die mit ihm sein wollen: »Könnt ihr nicht eine Stunde mit mir wachen, daß mein Leib, die Erde, nicht zu früh sterbe, bevor ich durch die Menschheit den Sinn erfüllt habe?« Der Erdensinn ist Liebe. Als Erdensinn ist er auferstanden, als Liebesinn. Vielleicht schlafen nicht alle, wie damals die drei Jünger in Gethsemane. Vielleicht hat das Wachen und Beten einiger schon geholfen, daß die Erde noch besteht, daß sich Gesinnungswandel erstaunlicher Art bei Verantwortlichen der Welt vollzieht.

Der Merkurtag, der Mittwoch, könnte uns Anlaß sein, das Wachen und Beten zu üben. Wie damals der Leib des Menschen die Auferstehung und das Leben erfuhr, soll auch der Erdenleib, wenn seine Stunde gekommen ist, so sterben können, daß er auf ihm gemäße Art durch den Tod zur Auferstehung und Leben gelangt. Uns Menschen trifft die Bitte des Christus: »Wachet und betet mit mir«, und durch Christus dürfen wir »die Wiederbelebung des ersterbenden Erdendaseins erlangen« (aus dem Bekenntnis der Christengemeinschaft). So erwacht in uns der Sinn für die kosmische Bedeutung seines fünften Wesensstrahles und der Wille, diesem Erdensinn zu dienen, den er aussprach: »Ich bin die Auferstehung und das Leben.«

Donnerstag – »Ich bin der Weg, die Wahrheit und das Leben«

Die Gestirne, die am vierten Schöpfungstag geschaffen wurden, gehen keine Wege, sondern ziehen ihre vorgeschriebene Bahn. Die Pflanzen, die der Erde angehören, die am dritten Schöpfungstag aus dem Wasser getrennt wurden, wachsen aus der Erde hervor und können den Ort ihrer Verwurzelung nicht verlassen. Sie können keine Wege gehen. Das Wasser hat seinen Kreislauf: »Vom Himmel kommt es, zum Himmel steigt es und wieder nieder zur Erde muß es, ewig wechselnd.« Auch das Wasser folgt seinem Lauf, aber geht keine Wege. Das Licht ist entweder allgegenwärtig da, oder es herrscht Finsternis. Auch innere Wege kennen die Wesen der vier ersten Schöpfungstage nicht, denn es gibt für sie kein Innen und Außen. Alles lebt getragen und gefügt in der großen Weltordnung. Sie entstand durch große Scheidungen zwischen Licht und Finsternis, Wasser über und unter der Feste, Erde und Wasser und der Bildung der Gestirne, herausgeschieden aus dem all-einen Weltenlicht. Die Welt entstand durch Trennungen, Scheidungen, aber ihre Wesen trafen noch keine Entscheidungen, diesen oder jenen Weg zu gehen.

Da rief Gott am fünften Schöpfungstag zum erstenmal Wesen hervor, die nicht an einem Ort verwurzelt sind wie die Pflanzen, nicht in einer festen Bahn gehen wie die Gestirne, nicht ihrem Lauf folgen wie die Wasser und nicht allgegenwärtig sind wie das Licht. Er schuf die Vögel und die Fische. Sie sind die Vorboten der Erdenwege gehenden Wesen, Tiere und Mensch. Innerhalb ihrer Elemente Luft und Wasser und innerhalb ihrer Instinkte können sie sich frei bewegen. Wenn es auch nicht der einzelne Vogel, der einzelne Fisch ist, sondern der Schwarm, der diese oder jene Route, den Weg wählt, um für den Vogel den rechten Landstrich zum Nestbauen, Brüten oder zum Sterben aufzusuchen, so folgt er doch nicht einer Bahn, einem Lauf, sondern fliegt, geleitet von seinem Instinkt, in einem Jahr diesen, im anderen Jahr einen etwas anderen Weg. Und wer Fischen im Wasser zuschaut, sieht, in wieviel Richtungen sie sich be-wegen, Wege zurücklegen. Der fliegende Vogel ist das Bild für den Gedankenflug des Menschen. Und der Mensch muß denkend Wege zurücklegen. Der in seinem Element schwimmende Fisch ist Bild für den, der aus dem Leben herausgezogen und gegessen werden muß, um sein Wesen als höheres Leben dem Essenden einzuverleiben. Christus muß dem Menschen in Fleisch und Blut übergehen wie der Fisch bei der Speisung der Fünftausend. Dann erst wird der Mensch Seinen sechsten Wesensstrahl erfahren: »Ich bin der Weg, die Wahrheit und das Leben.«

Am fünften Schöpfungstag wurden also die Tiere der Luft und des Wassers geschaffen. Gleichnisse für die Menschenwesen, die noch nicht im Leibe erschienen waren. Die Fähigkeit, sich zu bewegen, trat am fünften Schöpfungstag zum erstenmal auf. Erst durch den Menschen konnte daraus eine freie Bewegung, ein Weg aus eigener

Entscheidung werden. Bis dahin war noch ein langer Weg.

Am fünften Tag der Karwoche vollzog Christus an den Jüngern die Fußwaschung, hielt mit ihnen das Abendmahl und teilte sich ihnen im Worte mit. Als Petrus nicht zulassen wollte, daß sein Herr ihm die Füße wasche, sprach dieser: »... Dann hast du keinen Teil an mir.« Und als Petrus daraufhin bat, ihm auch Haupt und Hände zu waschen, sagte er: »Es bedarf nur, daß ich dir die Füße wasche.« Mit den Füßen gehen wir Menschen unseren Lebensweg. Christus wäscht die Füße, damit der Mensch gereinigt seinen Weg gehen kann. Die Füße sind ja Ausdruck des ganzen Leibes. Jede Stelle des Fußes entspricht einer Leibesstelle. Im gesamten Leib, der die Kräfte des Tierkreises zum Ausdruck bringt, entsprechen die Füße dem Sternbild der Fische. Auf manchen alten Bildern sieht man die Füße einer Heiligengestalt als zwei Fische abgebildet. Solch ein Mensch ist ganz und gar von Christus durch das Erdenleben getragen. Dem Heiligen erfüllt sich das Wort: »Ich bin der Weg, die Wahrheit und das Leben.«

Als Christus an den Jüngern die Fußwaschung vollzogen hatte, sagte er, er habe ihnen damit ein Beispiel gegeben dafür, daß derjenige, der Herr sein will, der die Herrlichkeit des Ich darleben will, den anderen dienen muß, wie er es jetzt durch die Fußwaschung getan habe. Eine neue Art Herrschertum begründet er am fünften Tag der großen Woche, am Donnerstag, der in früheren Zeiten dem Göttervater, dem göttlichen Herrscher Jupiter oder Donar geweiht war. Nachdem er die Fußwaschung vollzogen hatte, gab er sich hinein in das Mahlgeschehen. Aus der Wegzehrung des Passamahles wird ein Weg durch den, der sagt: »Ich bin der Weg, die Wahrheit und das Leben.« Seitdem ist das Feiern des Heiligen Mahles Weg, Wahrheit und Leben.

Wir gehen den Weg des Mahlsakramentes, und es ist das göttliche Ich-bin, das wir darin begehen. Wir sagen manchmal, daß wir ein Fest oder ein Jubiläum oder einen Neuanfang begehen. So begehen wir das göttliche Ich-bin in jeder Mahlesfeier am Altar. Und wir erleben darin auch, daß Er zugleich Wahrheit und Er Leben ist. Die Wahrheit seines Wesens beflügelt unsere Gedanken, indem wir uns fühlen als die, die wir wirklich sind, ichhaft, ihm verwandt, vom goldenen Fisch stammend, wie es das Märchen von den Goldkindern erzählt. Das griechische Wort für Fisch beginnt mit den Initialen seines Namens: Ichtys, ICH, Jesus Christus.

Das Mahl am Gründonnerstag wird uns zum sechsten Wesensstrahl, wo und wann immer wir es be-gehen: »Ich bin der Weg, die Wahrheit und das Leben.« In den Abschiedsreden, die Johannes wiedergibt, wird das göttliche Wortwesen selber zum Weg, zur Wahrheit und Leben. Jeder, der die Abschiedsreden durch-geht, erlebt sich selbst als den Weg, in der Wahrheit und von Seinem Leben durchströmt. Jeder Tag kann solche Erfahrungen für uns bringen, aber am Donnerstag können wir uns üben, den Sinn für Weg, Wahrheit und Leben des Ich-bin zu wecken und damit zur Sinngebung beizutragen, denn »der Weg ist das Ziel«.

Freitag – »Ich bin der wahre Weinstock«

Der Freitag ist der sechste Tag der Woche. Am sechsten Tag der Weltenschöpfung schuf Gott die Tiere auf der Erde. Dann rief er noch einmal in besonderer Weise die schaffenden Elohim auf: »Lasset uns Menschen machen, ein Bild, das uns gleich sei«. Gott rief dieses ihm gleiche Wesen aus sich hervor und stellte es sich gegenüber. So wurde Liebe möglich zwischen denen, die einander gleichen. In einem Buddha-Tempel kann man eine sehr reale Darstellung dieses göttlichen Geheimnisses sehen, denn im Osten des Tempels ist der All-Eine Buddha, im Norden und Süden ist dann Buddha in einer Zweiheit dargestellt. Der Buddha der Liebe ist nur möglich durch zwei und ebenso der Buddha des Krieges, der Entzweiung. Durch die Zweiheit, die Polarität geht alles von der Ureinheit zur neuen Einheit der Zukunft, der Wiedervereinigung.

Auch die griechische Mythologie kennt diese Wahrheit. Der Göttervater Zeus hat mit Hera zwei Kinder: Aphrodite, die Göttin der Liebe, und Ares, der Gott des Krieges. Aphrodite wird die Geliebte des Ares und gebiert ihm die Tochter Harmonia.

Der sechste Tag der Schöpfung ist der Tag der Liebe Gottes. Er setzt den Menschen aus sich heraus, damit Liebe zum Du werde. Die vorchristlichen Menschen erlebten den Freitag unter der Strahlung der Liebesgöttin Venus (vendredy) oder Freya. Platon sah in der 6 die Zahl der Harmonie.

An solch einem Freitag gab der in Liebe wesende Menschengott sein Leben hin – und sein Blut floß in die Erde;

das Blut, das der irdische Strom für die Liebeskräfte ist. Es gibt Blutsliebe, die sich auf Wesen des eigenen Blutes richtet, auf Familie, Stammes- und Volksangehörige. Und es gibt das Liebesblut. Da teilt sich die Liebe dem Blut mit, ergreift und verwandelt es. In der Blutsliebe stammt die Liebe aus dem Blut und kann in Haß und Vernichtung umschlagen. Im Liebesblut stammt das gewandelte Blut aus der Liebe. Dieses Blut, das durch Liebe gewandelt wird, hat seinen Ursprung in der Liebe Christi, aus der das Blut am Kreuz in die Erde und ihre Atmosphäre überging. Die Legende sagt, daß Joseph von Arimathia von diesem Blut etwas auffing in der Gralsschale, die zum Bild wurde für das liebende Herz.

Am Karfreitag, dem sechsten Tag der großen Woche, gab Christus sein Leben hin. »Niemand hat größere Liebe als die, daß er sein Leben hingibt für seine Freunde.« So sagt er in derselben Rede, in der er auch das »Ich bin der wahre Weinstock« aussprach. Und er gab den Jüngern das Liebesgebot und sagte, sie könnten es üben, wenn sie den Willen des Vaters tun. Er hat es am Kreuz begonnen, dies Weinstock-Sein. Das Kreuz birgt auch diese doppelte Gebärde. Es ist ein Anblick des Schmerzes, der größten Qual, die das Ergebnis von Haß und Zerstörung ist. Zugleich ist es die Gebärde der ausgebreiteten Arme, die Gebärde der Liebe, von der Christian Morgenstern sagen konnte: »Ich breite die Arme aus, wie er getan, ich möchte die ganze Welt wie er umfahn.«

Wie weit sind wir Menschen davon entfernt. Wir erleben an uns die Spaltung, die zum Krieg, zur Zerstörung, zur Sonderung führt. Paulus sprach das mit den bekannten

Worten aus: »Was ich will, tue ich nicht, sondern was ich nicht will, tue ich.« Erkennen und Tun klaffen auseinander. Vieles wird erkannt und nicht getan, und vieles wird blind getan, ohne Erkennen. Das ist die Ursache aller Kriege, daß ohne Erkennen gehandelt und das Erkannte nicht getan wird.

Erst, wenn Erkennen ein wirkliches inneres Tun, ein Arbeiten wird und nicht nur ein Registrieren von Tatsachen; erst wenn Erkennen ein Schaffen wird und wenn der Mensch im Tun ein Erkennender wird, kommen die beiden gespaltenen Kräfte zur Harmonie. Das aber bewirkt allein die Liebe. Ganz bei der Sache sein, sich ganz an das Erkennen und Tun hingeben, aber aus keinem anderen Quell heraus als aus Liebe. Das ist der Säftestrom des Ichbin, des wahren Weinstocks.

Christus hat selber als Mensch am Kreuz die große Trennung durchlebt und durchlitten. Die Trennung von Mensch und Gott rief er aus mit den Worten: »Mein Gott, du Gott meines Ich, warum hast du mich verlassen.«

Die Trennung von Mensch und Mensch erlebte er an den beiden Schächern neben ihm, die so weltenweit voneinander entfernt waren. Der eine, der ihn verspottete, der andere, der ihn um seine Fürbitte bat. Die Trennung von Erkennen und Tun des Menschen bezeichnete er mit dem Wort: »Sie wissen nicht, was sie tun«. All dieses Trennende erzeugte in ihm den großen Durst. Das auf den Leib bezogene: »Mich dürstet« war zugleich Bild für den Durst nach Liebe, nach Überwindung des Trennenden. Aber dieser Durst wurde nicht durch Liebe gestillt, die er von anderen empfing, sondern von der Liebe, die er gab. In all das Trennende am Kreuz ist durch ihn, den Sohn, das Versöhnende eingezogen. In die Trennung von Wissen und Tun hat er sein »Vater, vergibt ihnen« versöhnend hineingebetet.

Der Trennung von Mensch zu Mensch hat er die neue Verbindung von Mensch zu Mensch gegenüber gestellt, indem er zu Johannes sagte: »Siehe, deine Mutter« und zu Maria: »Siehe, dein Sohn«, und Johannes die Mutter Jesu von Stund an zu sich nahm. Nicht aus Blutsliebe ist das geschehen, sondern aus dem Liebesblut, das am Kreuz Christi seinen Anfang nahm. Die Trennung zwischen Gott und Mensch hat er überwunden mit dem Wort: »Vater, in deine Hände übergebe ich meinen Geist«. So hat er die dreifache Trennung am Kreuz durch die Kraft der Versöhnung geheilt und durfte dies besiegeln mit dem Wort: »Es ist vollbracht«.

Seitdem können wir Menschen das Trennende zum Anlaß des Versöhnens machen. Dann strömt durch uns etwas von dem »in Liebe wesenden Sohn«. Was am Kreuz am Karfreitag begann, es will durch Menschen weiter wirken. Jeden Tag kann das geschehen, aber wir können den Freitag, den Tag der Liebe, dadurch heiligen, daß wir bewußt versuchen, den siebten Wesensstrahl des Christus in unser Leben einzulassen, seine versöhnende Kraft in uns wirken zu lassen als die Liebe, die das Getrennte eint und sein Wort erfüllt: »Ich bin der wahre Weinstock. Ihr seid die Reben. Mein Vater ist der Weingärtner«.

Samstag – »Ich bin das Brot des Lebens«

Am siebten Tag der Weltenschöpfung brachte Gott sein Werk zur Vollendung. Er segnete und heiligte den siebten Tag, an dem er von seinem Werk ruhte. Später gab er seinem Volk durch Moses das Gebot, den siebten Tag jeder Woche, den Sabbat, zu heiligen. Der Sabbat steht unter der Planetenwirkung des Saturn. Da herrscht Ruhe, in der zurückgeschaut wird auf das Gewordene und zugleich sich auch schon das Neue vorbereitet: Wie das Samenkorn, das in der Erde ruht, gleichzeitig das Ergebnis eines Pflanzenjahres und der Beginn einer neuen Pflanze ist. Das Gewordene birgt schon das neue Werdende.

Am siebten Tag der Karwoche, am Karsamstag, ruhte der Leib Jesu Christi in der Erde wie ein Samenkorn. Er war das Ergebnis seines Erdenlebens und der Keim für ein neues Leben mit der Erde und ihrer Menschheit. Das Bild vom Weizenkorn, das in die Erde gelegt wird, das sterben muß, damit es vielfältige Frucht bringt, ist der eine Aspekt der Kornpflanze, den Jesus auch auf sich selbst bezog. Der andere Aspekt ist, daß das Korn gemahlen werden muß und dann mit Wasser, Triebmittel und Salz gemischt zu Brot gebacken wird. 33 Jahre hat Christus dieses Brot seines Leibes zubereitet.

Am siebten Tag der großen Woche ruhte es wie ein Ferment in der Erde und teilte allem Irdischen die Qualität mit, nährend zu sein, Brot zu werden. Mit dem ersten Strahl seines Wesens, den er so benannte: »Ich bin das Brot des Lebens«, mit diesem Wesensstrahl gab er der Schöpfung die Qualität ihres Anfangs zurück. Denn vor dem Sündenfall mußte nicht um Nahrung getötet werden. Die Wesen fühlten sich ernährt durch den Anblick und das Zusammensein mit anderen. Seit dem Sündenfall muß immer einer für den anderen sterben, damit Tier und Mensch leben können. Christus hat den Anfang gemacht mit einem Leib, der nicht irdisch ernährt werden muß und selber nicht irdisch, materiell ernährt. Dieser Leib ist frei von allen Todeskräften, ist reines Leben, Gestalt gewordenes Leben. Er kann uns in der Gestalt eines Menschen begegnen, im Anblick einer Landschaft, in der Form geweihten Brotes oder in einem von Menschen gesprochenen Wortgefüge. Wir erkennen seine Anwesenheit in den unendlich vielen Erscheinungsformen daran, daß wir durch sie ernährt werden.

Was uns in all dem Brote speist, ist Gottes ewiges Wort, ist das Worthafte darin, ist das, was uns etwas sagt, zu uns spricht, uns anspricht. Daß es Menschen gibt, die nur von der Hostie leben, das rührt daher, daß ihnen dieses geweihte Brot etwas sagt, daß es ihnen göttliches Wort ist, daß Brot Wort ist und Wort als Brot sie speist. Jeder, der das nährende Wort pflegt und sich übt, Leibhaftiges zum Sprechen zu bringen, beteiligt sich am Brotwerden durch Christus.

Aber bevor Brot aus dem Ich werden kann, muß die Ruhe des siebten Tages zugelassen werden. Bevor wir erkennen können, muß unsere Seele auf dem Gegenstand der Erkenntnis ruhen. Lauschend, schauend, in jeder Weise wahr-nehmend, aber nicht drängend, sondern in aller Ruhe müssen wir warten, bis es in uns Gestalt annimmt. Dann werden wir uns diese Erkenntnis »ein-verleiben«, wir nehmen sie zu uns als Brot, und sie macht uns zugleich selber zu Brot für andere.

Genauso ist es mit dem Lieben. Wir müssen in dem anderen wie im Grabe ruhen, alles fühlen, was zu fühlen ist, bis ich die Gefühle wahrnehme und die wahrgenommene Liebe mich ernährt und mich selber zu Brot verwandelt. Ein Liebender wird von den Menschen verzehrt. Und dabei wird die verzehrte Substanz nicht weniger, sondern mehr. Und auch, wo wir Menschen zu Taten heranreifen, kann es nur in der Ruhe des siebten Tages geschehen, wo alles zerfällt, was nicht aus Liebe und Wahrheit gebildet ist.

In jedem siebten Tag der Woche können wir üben, die Ruhe zuzulassen, ob es die Heiligung der gewordenen Schöpfung ist oder die Grabesruhe vor einer neuen Schöpfung. Wir können üben, die Worthaftigkeit der Welt zu erleben, die uns in allem speist und die uns für andere Brot werden läßt. In der Ruhe des siebten Tages erfüllt sich der erste Wesensstrahl Christi: »Ich bin das Brot des Lebens«.

Diese Betrachtungen zu den sieben Worten des Ich-bin können nur erste Anregungen sein. Wer selber längere Zeit mit diesen Worten und ihrem Wesen lebt, dem wird sich die Fülle auftun, von dem der Johannesprolog spricht: *»Und aus dessen Fülle haben wir alle genommen Gnade über Gnade.«*

Gespräche auf dem Weg zum Ich

Im Johannes-Evangelium finden wir zwei Gespräche, die beide das Ich-Geheimnis in sich bergen. Christus führt sie mit zwei sehr verschiedenen Menschen. Im 3. Kapitel lesen wir das Gespräch mit Nikodemus, im 4. Kapitel das Gespräch mit der Samariterin. Nikodemus wird von Christus über das Thema Geburt belehrt, denn: Wie die Frau den Sohn gebiert, so die Menschenseele den »Menschensohn«. Die Samariterin dagegen wird im Gespräch dahin geführt, zu bemerken, was es heißt, daß sie keinen Mann hat, daß das männliche Wesen ihr fehlt. Dadurch erwacht sie für den, der vor ihr steht und sagt: »Ich bin«.

Nikodemus ist ein Lehrer der Juden, ein hoch gebildeter Mensch. Die Samariterin ist eine einfache Frau, die kommt, um Wasser zu schöpfen. Sie kommt in der Mittagsstunde, um zwölf Uhr, zur Zeit des hellen Tages. Sie braucht für ihre Seele Tagesklarheit, Helligkeit im Verstehen. Nikodemus kommt in der Nacht, in der Stunde der Geheimnisse, der verborgenen Wahrheiten. Der männliche Mensch ist meistens etwas zu tief mit dem Leib verbunden. Wenn er das Ichwesen erleben will, muß er den Nachtbereich aufsuchen, wo der Mensch sich sonst im Schlaf aus dem Leibe löst und dem begegnet, der im Verborgenen seines Schicksals leuchtend waltet. Nikodemus wird im Nachtgespräch zum Sohn des Menschen geführt.

Der weibliche Mensch ist meistens etwas zu wenig mit der Erde und dem Leib verbunden. Wenn er das Ichwesen erleben will, braucht er die Bewußtseinshelle des Tages, die vom Ahnen zum Erkennen führt, in der die Erscheinungen draußen im Inneren aufleuchten, ihm etwas sagen, zu ihm sprechen. So sind die beiden Gespräche Urbilder, wie das Männliche und das Weibliche in jedem Menschen im Gespräch zu dem Wesen des Ich hinfinden können. Wir wollen diese Schritte im einzelnen nachvollziehen.

Johannes 3, 1–21

Das dritte Kapitel des Johannes-Evangeliums beginnt mit den Worten: »Es war aber ein Mensch unter den Pharisäern«. Es wird nicht gesagt ein Mann oder ein Lehrer, sondern Mensch – Anthropos. Dann erst wird gesagt, daß er ein Lehrer, ein Oberster unter den Juden war. Wie ein Vertreter des Menschseins kommt er in der Nacht zu Jesus. Er beginnt das in drei Abschnitten verlaufende Gespräch. Es sind jedesmal wenige Worte, die Jesus mit einer Belehrung erwidert. Der Volkslehrer spricht mit dem Menschheitslehrer. »Meister, wir wissen«, so beginnt Nikodemus. Er führt Jesus in den Lichtraum seines Bewußtseins. Was weiß er? Daß Jesus ein von Gott gesandter Lehrer ist.

Er und seinesgleichen erkennen es an den Taten Jesu, an den Wirkungen, die er draußen in der Welt hervorruft. Tagesbewußtsein ist es, durch das er erkennt und weiß. Taten, Äußerungen sind es, im Sinnlichen sich Zeigendes, aus denen sein Wissen kommt. Gott zeigt sich ihm daran, daß Jesus die Welt so verändert, wie es sonst nicht gekannt wird. Etwas vom Unbekannten erscheint durch ihn in der bekannten Welt. Aus dem Nachtbereich dringt durch die Taten Jesu etwas in den Tagbereich. Nun kommt Nikodemus in diesen Nachtbereich und sucht die Ursache dessen auf, was da im Tagbereich durch den Meister des Menschen geschieht. Mit einem Mysterienwort beginnt Jesus seine Antwort: »Amen, Amen, sage ich dir«. Das Wort Amen läßt sich nicht voll übersetzen, meint aber: Ja, so ist es, so sei es, in dem Sinne, daß das Wesen Wahrheit selber spricht. Wahrheit als ein sprechendes Wesen. Das ewig Seiende, Werdende als ein sprechendes Wesen. In der Apokalypse ist Amen einer der Namen des Christus. »So spricht der Amen«, heißt es da im Sendschreiben an die Gemeinde von Laodicea (Apokalypse 3,4). Mit dem zweimaligen Amen nennt Christus einen seiner göttlichen Namen und führt damit Nikodemus heran an die Welt der Wahrheit, des So-Seienden.

Diese Welt kann nur schauen, wer – wie es im Griechischen heißt – von oben her geboren wird. Nikodemus bleibt noch zurück, kann noch nicht gleich mitgehen. Er ist noch im leibgebundenen Tagesbewußtsein, fragt zurück aus dem Gewohnten, im Irdischen ihm Bekannten. Er fragt nach der leiblichen Geburt, die doch nicht noch einmal aus dem Mutterleib heraus geschehen kann. Die erste Antwort Jesu war noch kurz, wie ein Hinführen vor das Tor der Nacht. Nun kommt eine lange Rede, in der er die Geheimnisse des Ich beschreibt, wie sie das nächtliche Bewußtsein zu schauen lernt. Er beginnt wieder mit dem allumfassenden Namen, aus dem heraus er spricht:

»Amen, Amen spricht (spreche ich) zu dir, wer nicht aus Wasser und Geist geboren wird, kann nicht in das Reich Gottes hinein kommen. Was aus Fleisch geboren wird, ist Fleisch. Was aus dem Geist geboren wird, ist Geist.«

Der leibliche Mensch wird von unten her aus dem Mutterleib geboren. Der geistige Mensch wird von oben her aus dem Geist geboren, noch genauer aus Wasser und Geist. Im Gespräch mit der Samariterin spricht er ausführlich von diesem Wasser, dem lebendigen, das im Menschen zu einer Quelle wird, die nie versiegt. Der Wortesstrom, die strömende Rede, das lebendige Wort, von dem er auch einmal sagt: »Himmel und Erde werden vergehen, aber meine Worte werden nicht vergehen«.

Der von oben stammende Mensch ist worthaft, ist geboren aus Wasser des Lebens, das strömt als gebärendes, schöpferisches Wort, und aus Geist, aus Idee, Sinn. Und er setzt seine Rede fort mit dem Gleichnis vom Wind, den wir zwar hören, aber nicht wissen, woher er kommt und wohin er geht. Der von oben her geborene Mensch wird gehört, wird erlebt im irdischen Zusammenhang. Von der Geburt bis zum Tod erleben wir ihn an seinen Wirkungen, aber wir wissen nicht, woher das geistige Wesen eines Menschen kommt und wohin es geht. Das Ich-Wesen beginnt nicht mit der leiblichen Geburt und endet nicht mit dem leiblichen Tod. Wir kennen nicht sein Davor und sein Danach, sein Woher und Wohin. Wir erleben es hier auf der Erde am Widerstand, den die äußere Welt bietet, wie das Rauschen des Windes am Widerstand der Bäume für uns bemerkbar wird. Christian Morgenstern sagt das in einem Gedicht:

»Was wärst du Wind, wenn du nicht
Bäume hättest, zu durchbrausen?
Was wärst du Geist, wenn du nicht Leiber
hättest, drin zu hausen?
All Leben will Widerstand,
all Licht will Trübe,
all Wehen will Stamm und Wand,
daß es sich dran übe.«

Zuerst erfahren wir das von oben geborene Menschenwesen am Widerstand, den das Leibliche bietet. Das Woher und Wohin kennen wir noch nicht. »Wie soll diese Geburt von oben geschehen?« fragt Nikodemus und ruft mit dieser Frage die dritte und größte Belehrung hervor. Zunächst macht ihn Jesus aufmerksam auf den großen Unterschied zwischen dem Meister eines Volkes und dem Meister der Menschheit. »Bist du ein Lehrer in Israel und weißt das nicht?« fragt er ihn. Und dann spricht er zum dritten Mal das zweifache Amen, die Bewußtmachung seines Wesens, das da ist, sein wird, das als Wahrheit spricht. Amen als Wesensname. Die Meister der Menschheit wissen nicht nur, was sie gelernt haben, geben nicht nur Gedanken und Worte wieder, die sie übernommen haben. Die Meister der Menschheit wissen ganz konkret, wovon sie sprechen, zeugen ganz aus ihrem Eigenen für das, was sie außen und auch geistig geschaut haben. Aber die Lehrer des Volkes messen alles an ihren überlieferten Lehren und nehmen nicht an, was da unmittelbar aus dem Wahrheitswesen mitgeteilt wird. Sie glauben es nicht; das heißt, sie gehen nicht ein in das Gesprochene. Sie bleiben davor, beurteilen es mit festem Maß der Lehre, nicht mit dem Denken, das äußere Tatsachen und geistige Ideen zusammen schaut. Wer bezeugt, was er sieht und redet, was er aus sich heraus weiß, der schafft die Welt noch einmal. Er schafft sie im inneren Wort. Alles, was wir wirklich wissen und bezeugen können, bringen wir in unsere Sprache. Im Wortschaffen vollzieht sich das Verstehen und im Bejahen dessen, was da in uns worthaft schafft, vollzieht sich unser Glauben. Im Gespräch mit dem Wahrheitswesen, mit dem, der Amen heißt, verschmelzen Wissen und Glauben. Sie werden zum Wortesstrom, auf dem der aufsteigt, der auch im Wortesstrom herabgestiegen ist, der Sohn des Menschen, der aus dem Menschen von oben her geborene.

Es ist das Ichwesen, das in diesem Gespräch Jesu mit Nikodemus umschrieben wird. Durch die Schlange im Paradies wurde es herausgerissen aus seiner Einigkeit mit dem göttlichen Geist. Es geriet in den Egoismus, der aus dem Eingeborenen Vielgeborene macht. Ein Volk von Vielgeborenen hat Moses durch die Wüste geführt, das sich auflehnte gegen die göttliche Führung aus ihrem Egoismus, dem Erbe der Schlange. Es wird erzählt, wie Schlangen kamen und die Menschen an ihrem tödlichen Biß starben. Durch die Paradiesesschlange ist der Tod in die Welt gekommen. Tod, das war Trennung vom Ursprung. Moses bekam den Auftrag, eine eherne Schlange an einem ehernen Stab aufzurichten. Dieses Wahrzeichen der Heilung, das bis heute das Sinnbild des Arztes ist, mußten die von den Schlangen Gebissenen anschauen, und sie wurden gesund.

Was schauten sie an? Das Bild der Aufrichtekraft, um die die Lebenskraft strömt. Das ist das leibliche Bild für das geistige Wesen des Ich, für den Sohn des Menschen. Auf sich selbst, auf das Ichwesen der Menschheit weist Jesus hin, wenn er sagt, daß der Sohn des Menschen so erhöht, so aufgerichtet werden muß wie die Schlange in der Wüste durch Moses aufgerichtet wurde. Die Israeliten mußten dieses Bild äußerlich anschauen, um geheilt zu werden. Die Menschen unserer Zeit werden das Kreuz innerlich anschauen. Alle, die es verstehen und bejahen, die die Einswerdung von eigenem Schicksal und Christusschicksal erleben, das heißt, die an ihn glauben, werden aus der Verlorenheit dem ewigen Leben eingeboren. Gott hat den Sohn nicht gesandt, um die Welt zu richten, sondern um sie zu heilen. Der Glaube an den Namen des Sohnes ist das Entscheidende. Das Wort »Ich« oder »Ich bin« kommt in diesem Gespräch nicht vor, aber der Name des eingeborenen Sohnes und der Glaube an diesen Namen, die Durchdringung mit dem Wesen, das den Namen hat, der hier noch nicht, sondern zum erstenmal im Gespräch mit der Samariterin ausgesprochen wird: »Ich bin, ego eimi«. Im Gespräch mit Nikodemus wird genau beschrieben, wie dieses Wesen, das diesen Namen hat, wirkt.

Wer die Wahrheit tut, lebt im Licht. Wer die Finsternis mehr liebt als das Licht, bewirkt sein eigenes Gericht. Strafe wird nicht von außen über einen Menschen verhängt, sondern ist einfach die Konsequenz der Taten, die das Licht scheuen müssen. Der Mensch bringt sich in die Lichtlosigkeit, wo ihm Erkennen und Glauben fehlen, die Gebärden der Liebe, aus denen das Ich immer erneut geboren wird.

In der deutschen Sprache steckt das Wort Ich in dem Wort Licht. Zwischen dem Lebenslaut L und dem Laut des geistigen Einschlags, T, ist das Ich verborgen. Aus der Kunst der Eurythmie kann uns der Charakter dieser beiden Laute erfahrbar werden: Leben und Geistwirken, L – T und dazwischen ich, L ich t. Das Gespräch mit Nikodemus begann mit der Rede, daß ein Mensch aus Wasser, dem Lebenselement, und Geist, von oben her, geboren werden muß, zwischen L-Kraft und T-Kraft gezeugt, und es endet mit der Rede über das Licht. Im Verhältnis zum Licht wird sich entscheiden, ob ein Mensch gerichtet ist oder den Namen des Menschensohnes durch das, was er tut, zur Offenbarung bringt. Im Gespräch mit Nikodemus wird beschrieben, wie das Ichwesen wirkt, aber der Name bleibt noch verborgen. Das Geheimnis, die Nacht umhüllt, wie Gott in diesem Namen Mensch und wie der Mensch in diesem Namen unsterblich wird.

Zwischen dem Gespräch mit Nikodemus und dem Gespräch mit der Samariterin wird im Evangelium von Johannes dem Täufer berichtet. Seine Jünger fragen ihn nach Christus, der auch tauft. Und Johannes spricht zu seinen Jüngern so über Christus, daß man in seiner Rede Motive aus dem Nikodemusgespräch und aus dem erst folgenden mit der Samariterin wiedererkennen kann. Und mitten in dieser Rede erscheint das Wort: ouk eimi ego ὁ Christos – »Nicht ich bin Ich, der Christus«. Der Größte unter allen Menschen muß erst aussprechen: Nicht Ich bin, bevor dann am Ende des zweiten Gesprächs Christus zum erstenmal sagen kann: Ich bin. Das kleine Menschen-Ich muß abnehmen, damit das göttliche Ich wachsen kann. Nach diesem »Nicht Ich bin« nimmt Johannes das Motiv vom Bräutigam aus dem Brunnengespräch vorweg, den die Samariterin bis dahin nicht kannte. Und er greift Motive aus dem Nachtgespräch auf. Er spricht in Vers 31–36 von dem, der von oben her kommt. »Der von oben kommt, überragt alle andern. Der von der Erde ist, dessen Wesen ist irdisch, und seine Worte sind erdgebunden. Der aus der Himmelswelt Kommende überragt alle andern. Was er gesehen und gehört hat, davon legt er Zeugnis ab; aber niemand nimmt sein Zeugnis an. Wer aber sein Zeugnis annimmt, der besiegelt damit, daß Gott die Wahrheit ist. Denn der von Gott Gesandte spricht Worte, die vom Geist durchdrungen sind. Er spendet das Geistige nicht in abgemessener Form. Der Vater liebt den Sohn und hat alles Sein in seine Hand gegeben. Wer dem Sohn vertraut, der hat das zeitlose Leben. Wer dem Sohne nicht vertraut, wird das wahre Leben nicht schauen. Der Zorn Gottes bleibt über ihm.«

Es klingt, als wäre Johannes bei dem Gespräch mit Nikodemus dabei gewesen und würde nun wiederholen, was er dort gehört. Aber so ist es nicht. Sondern er hat durch sein »Nicht ich bin Ich« den Zugang gefunden zur Quelle, von der Christus zur Samariterin spricht, zur Quelle des Wortes, der ewig geborenen Wahrheit, zum göttlichen »Ich bin«, das wachsen soll in der Menschheit.

Johannes der Täufer steht mit seiner Rede als Mittler zwischen dem Gespräch des Mannes in der Nacht und dem Gespräch der Frau am Mittag.

Johannes 4, 1–26

Im Johannes-Evangelium wird berichtet, wie Christus sich einige wenige Male zu erkennen gibt mit dem Wort: »ego eimi, Ich, ich bin.« Damit spricht er einen seiner göttlichen Namen aus. Zum ersten Mal geschieht das im vierten Kapitel am Ende seines Gesprächs mit der samaritanischen Frau. Dieses Gespräch geht sechsmal hin und her zwischen den beiden. Beim siebten Mal spricht er es aus: »Ich bin, der mit dir redet.« Man kann auch sagen, daß das Gespräch aus zwölf Redeabschnitten besteht und beim dreizehnten das Gespräch in sein Ziel einmündet.

Auf dem Weg von Judäa nach Galiläa kommt Jesus durch Samarien. Judäa ist das Todesland. Dort ist die Wüste Juda, das Tote Meer; dort ist Jerusalem, wo er selbst einmal sterben wird. Galiläa ist das liebliche Land um den See Genezareth. Nazareth ist dort, wo er seine Kindheit erlebte, und der Berg Tabor, wo er den Jüngern als Verklärter erschien. In Samarien leben die Menschen, die von solchen Juden abstammen, die sich mit anderen Völkern vermischt haben und die Reinheit des auserwählten Volkes dadurch gebrochen haben. Darum werden sie von den Juden verachtet. Jesus kommt durch dieses von den Juden gemiedene Samarien auf dem Weg vom Todesland Judäa ins Kindheitsland Galiläa, wo auch der Jordan mit seinen drei Quellen entspringt.

Am Anfang des Gespräches fühlt er leiblichen Durst, Erschöpfung, Nähe der todbringenden Kräfte. Am Ende des Gesprächs erleben die beiden, Jesus und die Frau, die Quelle des Lebenswassers. Dazwischen geht er auch innerlich durch die Seelenwelt Samariens. Er geht mit der Samariterin einen inneren Weg vom Todesland ins Land der Quellen, der Kindheit. Es ist Mittagszeit. Seine Jünger sind nicht bei ihm. Er läßt sich am Rand des Jakobsbrunnens nieder. Eine samaritanische Frau kommt, um Wasser zu schöpfen. Und nun beginnt er das Gespräch mit den Worten: »Gib mir zu trinken«. Er, der Erhabene, bittet die Ahnungslose, der Göttliche bittet die Menschliche. Meistens ist es umgekehrt. Der Mensch bittet Gott, der Niedrige bittet den Höheren.

Sollte ein wahres Gespräch immer so beginnen, daß wir bemerken, wie das Göttliche sich dem Menschlichen zuneigt und menschengleich zu trinken erbittet? Manche Menschen pflegen die Sitte, daß sie einen Spruch, ein Gebet sprechen, bevor sie miteinander konferieren, bevor sie ein Unterrichtsgespräch oder eine Beratung halten. Mit diesem Wort achtet man die göttliche Bitte: »Gib mir zu trinken«, oder mindestens hebt man sein Sprechen und Denken auf zu ihm und läßt ihn darin herabkommen.

In dem Gespräch Jesu mit der Samariterin geht sie nicht auf seine Bitte ein, sondern spricht ihre Verwunderung darüber aus, daß er als Jude sie, eine Samariterin, um einen Trunk bittet. Es fällt ihr also auf, daß er sich nicht seinem Volk gemäß, der Sitte, dem Stand gemäß verhält. Das ist ihr noch nicht begegnet. Sie weiß nicht, wie sie das einordnen soll. Wonach richtet sich dieser Mensch in seinem Verhalten? Sie weiß es nicht. Sie kennt es noch nicht, daß einer sich nur nach sich selbst richtet, nach der Situation, in der er sich mit einem anderen befindet. Jesus hat Durst, und es kommt jemand, den er um Wasser bitten kann. Nur diese

Situation und er selbst bestimmen seine Bitte, keine Sitte, keine Rücksicht auf Volk und Volksgesetz. In der Verwunderung der Frau, in ihrer Frage liegt die erste Ahnung, daß ihr da ein Mensch begegnet, der aus nichts anderem als aus seinem Ich und seinem Schicksal lebt und handelt. Ganz behutsam geht er auf ihre Ahnung ein. Sie ahnt etwas, aber sie weiß es noch nicht. »Wenn du wüßtest«, so beginnt er seine erste Erwiderung auf ihre Frage, und er fährt fort: »wer es ist, der zu dir sagt: gib mir zu trinken.« Damit sagt er: Wenn du mich, das Ich-bin-Wesen, kenntest, wenn du erleben könntest, was da anhebt zwischen uns, daß ich, das Ich bin, dich, du Menschenseele, bitte, mir dich aufzuschließen, mir deine Hinwendung zu mir zu geben als einen Trunk, dann würdest du erfahren, daß auch ich dir etwas zu geben habe, lebendiges Wasser, Quelle des göttlichen Wortes, Wortesstrom. Indem er mit ihr spricht, graben sie schon an dem Brunnen des lebendigen Wassers, des lebendigen Wortes, des wahren Gesprächs, das »erquicklicher ist als das Licht« (aus Goethes Märchen).

Die Frau weiß noch nicht, was geschieht, aber sie versucht, mitzugehen. Sie arbeitet sich durch vom Ahnen zum Wissen. Dieses Durcharbeiten zum göttlichen Logos, zum Wort vom Anfang, zum »Ich-bin«, vollzieht sich durch Fragen. Und wieder fragt sie verwundert nach dem, was sie noch nicht kennt, noch nicht hat. Sie kennt den Brunnen Jakobs, sie kennt den Erbstrom, der durch die Jahrhunderte strömt und aus dem das ganze Leben des Volkes gespeist und bestimmt wird. Aber dieser hier – ist er mehr als der Vater Jakob? Er hat keinen Schöpfeimer und will doch schöpfen? Wer ist er? Wieder führt Jesus sie behutsam den nächsten Schritt.

Der äußere Durst muß immer aufs neue gestillt werden. Immer wieder muß die Frau zum Brunnen gehen und Wasser schöpfen. Das lebendige Wasser, die »würdige Quelle«, und der »rechte Strom«, wie der Ursprung des Evangeliums in der Weihehandlung genannt wird, der wird durch das göttliche Ichwesen in der empfangsbereiten Seele erweckt und verbindet sie mit dem unvergänglichen Leben. Das innere Wort ist die Quelle, aus der Menschen-Ich und Gottes-Ich gemeinsam schöpfen. Nun bittet die Samariterin um dieses Wasser, das sich so gänzlich unterscheidet von dem äußeren Wasser, zu dem man immer wieder durstig hingehen muß. Da kommt von Christus die erstaunliche Aufforderung: »Geh und rufe deinen Mann.« Warum sagt er das? Was hat das zu tun mit ihrer Bitte um das lebendige Wasser, den inneren Wortquell des sprechenden Ich? Sein Sprechen geht immer aus dem Quell des Ich hervor, aus dem Logos, dem göttlichen Wort vom Urbeginn. Ihr Sprechen kommt ganz aus der Seele. Sie wundert sich immerfort über ihn und spricht es spontan aus. Da ist kein Innehalten, kein inneres Lauschen: Was meint er eigentlich?, sondern was ihr in den Sinn kommt, spricht sie sofort aus. Darum entsteht für uns zunächst auch der Eindruck, daß die beiden aneinander vorbeireden. Aber ganz behutsam knüpft er an ihre spontane Redeweise an und gibt ihr eine Richtung zur Ichhaftigkeit.

Jeder Mensch braucht für das Erdenleben die führende, bewußte, in der Aufmerksamkeit und wachen Hinwendung lebende Ichhaftigkeit, und er braucht die für Geistesgegenwart offene, empfangende Seele, die spontan ausspricht, was sie erlebt und dadurch Atmosphäre bildet, »reine oder dicke Luft«. Jeder Mensch braucht in diesem Sinne das männliche und das weibliche Element; beides muß sich in ihm ergänzen und befruchten. Diese Samariterin hat ein Übermaß an Weiblichem, an Seelenhaftem, Spontanem, an sprudelndem Reden. Nicht Wortesquell und Wortesstrom spricht aus ihr, sondern sprudelnde Rede, mit vielen kleinen Seelenluftbläschen durchsetzt. Es fehlt ihr die männliche Kraft in der Seele, die eigene innere Führung, die Ichhaftigkeit im Leib. Diese braucht sie aber, um das zu empfangen, was Christus ihr geben will, das Wortwesen, das in ihr selber zu einer Quelle wird, die nicht sprudelt, sondern in das unvergängliche Leben strömt, von einem Dasein zum anderen und nicht nur jetzt und hier. Das lebt in der Aufforderung Jesu: »Geh und rufe deinen Mann«. Die Antwort der Frau zeigt, wie er sie wirklichkeitsgemäß erlebt hat: »Ich habe keinen Mann«.

Jetzt führt er sie noch tiefer zu sich selbst. Einerseits bestätigt er ihr äußeres Schicksal, das ja Ausdruck ihres Wesens ist: »Fünf Männer hast du gehabt, und der, den du jetzt hast, ist nicht dein Mann«. Zugleich spricht er damit auch ihre innere Situation aus. Sie war nicht fähig, das männliche Element in ihrer Seele zu halten. Durch die dreifache Leibeshülle, materieller Leib, Lebensleib, Seelenleib, vermochte sie es nicht. Durch die dreifache Seelenhülle Empfindungsseele, Verstandesseele vermochte sie es nicht und auch die Bewußtseinsseele, um die sie jetzt ringt, ist noch nicht von ihrem Ich ergriffen, ist noch nicht ihr Mann. Fünf Männer hatte sie, der sechste ist es auch nicht. Nun steht der siebte vor ihr. Er ist der Träger der Ichkraft für die ganze Menschheit. Johannes der Täufer nannte ihn den Bräutigam, der die Braut, die Seele der Menschheit, hat, und sich selbst nannte er den Freund des Bräutigams. In Gleichnissen nennt Christus sich selbst den Bräutigam und die Menschenseele Braut zieht ihm mit lampentragenden Jungfrauen entgegen. Die vorchristlichen Psalmen sprechen von der Tochter Zion, die den Bräutigam, den Messias, den mit dem Namen »Ich bin« erwartet. Das alles lebt ahnend in der Samariterin, als sie sich weiter durch Fragen auf sein Wesen zubewegt. Sie sieht ihn als Propheten und fragt ihn nach dem rechten Ort für das Gebet.

Die heidnischen Völker beten ihre Götter auf den Bergen an, also draußen. Die Juden hingegen haben ihm einen Innenraum, einen Tempel in Jerusalem errichtet. Jesus antwortet ihr, daß eine Stunde kommt und jetzt schon ist, wo weder auf dem Berg, noch im Tempel Gott angebetet wird. Wichtig ist nicht der Ort, entscheidend ist auch nicht, ob man sich im Gebet nach außen, auf den Berg, oder nach innen, in den Tempel, begibt. Der Unterschied zwischen dem Gebet der Heiden und der Juden ist, daß die einen nicht wissen, wen sie anbeten. Sie tun es im »Außer sich sein«, in Ekstase, im Tanz um das Stierbild, um den Altar ihrer Götterbilder. In der Geschichte von Elias kann man nachlesen, wie sie sich stundenlang in Ekstase versetzten im Gebet zu Astarte und Baal und um Regen flehten. Das tun die gläubigen Juden nicht. Sie kennen den Gott, der zu Mose aus dem Dornbusch sprach. Er führte sie durch die Wüste. Er gab ihnen ihre Gebote, er heilte sie vom tödlichen Schlangenbiß durch die aufgerichtete eherne Schlange. Er bereitete sie durch Führung von außen vor auf die Führung von innen, die sie erleben sollten, wenn er einmal selber im Innern des Menschen einziehen würde. »Gott ist Geist, und die ihn anbeten, müssen ihn im Geist und im Erleben der Wahrheit, der geistigen Wirklichkeit anbeten.« Das Volk der Juden ist auf diese Wahrheit als erstes von allen Völkern vorbereitet worden. Aus ihm kommt die Heilung vom todbringenden Wirken der Schlange, durch die die Menschheit sich von Gott entfernte.

Alle diese Worte lassen in der Frau den Gedanken an den Messias aufsteigen. Sie fühlt, wie das alles mit dem Messias zu tun hat, der sie solches alles lehren soll. Und nun erfüllt sich das Wesen dieses Gesprächs mit den Worten Jesu: »Ich bin, der mit dir redet.« Hier wird im ganzen Johannes-Evangelium zum erstenmal von ihm gesagt: »Ego eimi«.

Was die Samariterin schon beim ersten Wort des Gesprächs geahnt hat, das führte er von Frage zu Frage hin zum Erkennen. Das wahrhaft Sprechende ist das »Ich bin«. Ihr spontanes, unwissendes Reden wird, indem sie seinen Worten zuhört, immer mehr von Aufmerksamkeit, Hingabe, Vertrauen durchzogenes Sprechen. Als ihr eigenes Ichwesen in ihrer Aufmerksamkeit, in ihrem Fragen und Lauschen ganz erwacht ist, kann sie auch das Ichwesen des Christus erkennen, wie es vor ihr steht. Ihr Ich ist an seinem Ich und für das Schauen seines Ich gebildet worden. Sie hat das Wasser empfangen, das er ihr geben kann und das in ihr selber zur Quelle wird, zur Quelle des Sprechenden, der von nun an aus allem Schicksal mit ihr redet, aus allem, was ihr begegnet in der Welt, draußen oder drinnen.

»Ich bin, der mit dir redet«, zieht ein in ihr ganzes Wesen. Es erfüllt sich das Wort aus dem Markus-Evangelium, das in Anlehnung an eine freie Übersetzung Rudolf Steiners lautet: *»Das Ich, so erlebt, daß es als Du zu mir spricht, das ist der Christus.«*

Zusammenklang

Nikodemus, ein Lehrer unter den Juden, beginnt das Gespräch mit Jesus: »Meister, wir wissen, daß du ein Lehrer bist, von Gott gekommen«. Der Lehrer der Juden wird Schüler des Gotteslehrers. Er empfängt eine Belehrung in drei Stufen, die jedesmal mit dem geheimnisbergenden Wort »Amen« beginnen. Christus schildert ihm das Wesen der Ichgeburt, beschreibt ihm die Vorgänge, woran man sie erkennt.

Das Gespräch mit der Samariterin eröffnet der, der sich am Ende zu erkennen gibt als der: Ich bin, der mit dir redet. Dieses Gespräch ist keine Belehrung, sondern eine Art Geburtshilfe. Wie Wehen durchbebt jede Gesprächsrunde die Frau, bis sie am Ende erfahren darf, was geboren wurde. Indem er sein Ich bin ausspricht, empfängt sie zugleich das eigene Ichwesen von ihm, die Quelle, die ins ewige Leben strömt. Nikodemus schaut den Prozeß, den die Samariterin verwirklicht. Er schaut den von oben Kommenden, die Idee des Menschensohnes, die der Meister ihm zeigt. Die Samariterin bewirkt mit dem Beistand des Geburtshelfers das Hervortreten des Ich bin, die Geburt des Menschensohnes aus der Seele.

So gibt es Gespräche, wo wir Irdisches ins Reich der Ideen erheben, und es gibt Gespräche, wo Geistiges im Irdischen geboren wird. Im Gespräch zwischen Christus und Nikodemus wie zwischen Christus und der Samariterin geschieht beides in verschiedener Weise. Sie zeigen im Urbild, wie das Gespräch als Wasser des Lebens auf und nieder steigt, die Wolke bildend, in der uns nahe kommt der Menschensohn, der Logos, der Sprechende, der Amen, das göttlich-menschliche »Ich bin«.